@INTERNET
Research

Band 37

Nayla Fawzi

Cyber-Mobbing

Ursachen und Auswirkungen von
Mobbing im Internet

Nomos
Edition Reinhard Fischer

Redaktion der Reihe INTERNET Research:

Prof. Dr. Patrick Rössler
Universität Erfurt
Kommunikationswissenschaft / Empirische Kommunikationsforschung
Nordhäuser Str. 63
99089 Erfurt
Tel: 0361 / 737-4181
E-mail: patrick.roessler@uni-erfurt.de

ISBN 978-3-8329-4888-7
ISSN 1617-6839

© Nomos Verlagsgesellschaft / Edition Reinhard Fischer, Baden-Baden, 2009
Druck und Bindung: docupoint, Magdeburg

Vorwort

In Chatrooms werden Mitschüler verspottet und bloßgestellt, in Internet-
foren werden über Außenseiter unwahre Behauptungen verbreitet, auf Youtube werden Videos mit Misshandlungen von Opfern veröffentlicht. Seit etwa
zwei Jahren sind solche persönlichen Übergriffe via Internet ein Thema - für
Eltern und Pädagogen ebenso wie für zahlreiche Medienberichte. Als Cyber-
Mobbing – oder Cyber-Bullying, wie es im angelsächsischen Sprachraum heißt
– bezeichnen Experten und Medien das Phänomen. Aber was meint der Begriff genau? Wie lässt sich Cyber-Mobbing charakterisieren und was sind seine
spezifischen Besonderheiten? Wie kann das Verhalten der Täter beschrieben
werden und welche Auswirkungen hat Cyber-Mobbing auf die Opfer? Diese
Fragen stellt Nayla Fawzi in ihrer Untersuchung, mit der sie sich in eine lange
Tradition herausragender und publizierter Magisterarbeiten am Institut für
Publizistik der Johannes Gutenberg-Universität Mainz einreiht. Sie entfaltet
die Fragestellung systematisch und differenziert, gibt einen Überblick über
den bisherigen Forschungsstand und hat mit Opfern und Experten über das
Phänomen Cyber-Mobbing gesprochen. Ihre Befunde zeichnen ein differen-
ziertes Bild von der Problematik.

Manchem mag Cyber-Mobbing nur als ein Modewort für einen herkömm-
lichen Sachverhalt erscheinen. Schließlich ist Mobbing unter Jugendlichen
kein neues Phänomen – das Schikanieren und „Hänseln" von Mitschülern war
auch schon in früheren Jahrzehnten, lange vor Bestehen des Internet, der
traurige Alltag in vielen Schulklassen. Denn die intolerante Ausgrenzung, das
Isolieren von Außenseitern, das Bloßstellen des Schwächeren sind leider unter
Kindern häufig anzutreffen, und die Fähigkeit zu tolerantem sozialen Miteinander reift oft erst am Ende der jugendlichen Entwicklung. Ist somit Cyber-
Mobbing nichts anderes als die Austragung alltäglicher Schülerzwistigkeiten,
wie es sie schon immer gab, via Internet? Handelt es sich hier also – technisch
gesprochen – um nicht mehr als den Wechsel des Kommunikationskanals?
Nayla Fawzi verdeutlicht, dass der Wandel wesentlich tiefgreifender ist. Sie
verknüpft das Phänomen des Cyber-Mobbing mit den jüngeren kommunika-
tionswissenschaftlichen Forschungen zu so genannten „Reziproken Effekten", die zeigen, wie sehr Opfer von Medienberichten psychisch unter den
Folgen bloßstellender Berichterstattung leiden. Hier wird deutlich, dass Cyber-
Mobbing eine neue Qualität hat, die weit über das hinausreicht, was das frühe-
re Drangsalieren und Schikanieren ausmacht. Was vorher im privaten Bereich,
auf dem Schulhof oder dem Nachhauseweg stattfand, steht jetzt im Netz: Für
alle sichtbar und meist nicht mehr rückholbar. Das Wissen darum ist für viele

Betroffene meist schlimmer als das Mobbing selbst. Hinzu kommt das Gefühl der Ohnmacht: Die Täter bleiben meist anonym und sind nicht greifbar – ohne Einschreiten zu können, muss das Opfer die Übergriffe hilflos hinnehmen.

Die Untersuchung verdeutlicht, dass offensichtlich auch vielen Tätern nicht bewusst ist, mit welch erdrückender Gewalt die Opfer Cyber-Mobbing erleben. Auch dies ist eine Frage von Medienkompetenz: Während der technische Umgang mit Computer und Internet in Schulen und Elternhäusern selbstverständlich zum Schwerpunkt der Medienerziehung gehört, wird der verantwortungsvolle Umgang mit den publizistischen Möglichkeiten des neuen Mediums meist gar nicht thematisiert. Dabei ist es gerade im Zeitalter des Web 2.0 mehr denn je der einzelne Nutzer, der hier Verantwortung trägt. Technische Medienkompetenz alleine, so das Fazit von Nayla Fawzi, ist eben nicht ausreichend. Was fehlt, ist Medienwirkungskompetenz. Sie zu vermitteln, ist die Aufgabe von Pädagogen und Eltern und nicht zuletzt von uns Wissenschaftlern. Nayla Fawzi macht mit Ihrer Studie einen Anfang.

Mainz, im September 2009   Prof. Dr. Gregor Daschmann

Inhalt

ABBILDUNGSVERZEICHNIS

TABELLENVERZEICHNIS

1. Einleitung

Ein 15-jähriger kanadischer Jugendlicher filmte sich selbst, während er Darth Maul, einen Protagonisten aus der Filmreihe „Star Wars", nachahmte. Seine Mitschüler fanden das Video und veröffentlichten es ohne sein Einverständnis auf der Internettauschbörse Kazaa.com. Schätzungsweise 900 Millionen Menschen amüsierten sich inzwischen weltweit über das „Star Wars Kid" (vgl. BBC 2006a).

In dem Forum Pafnet.de beleidigten etwa 30 Schüler[1] wochenlang ihre Lehrer. Die Diskussion spitzte sich so weit zu, bis schließlich der Tod eines Lehrers gefordert wurde. Diese Einträge stehen in einer öffentlich nicht sichtbaren Gruppe, in der etwa 400 Schüler des örtlichen Gymnasiums angemeldet sind. Die Schüler verfassten die Einträge unter Verwendung von Nicknames, die ihre wahre Identität verschleierten (vgl. Petry 2007).

Eine Jugendliche, die sich an ihrer ehemaligen Freundin Megan rächen wollte, erstellte in dem sozialen Netzwerk MySpace ein fingiertes Profil des 16-jährigen ‚Josh' und freundete sich online mit Megan an. Megan verliebte sich in Josh, bis er sie plötzlich öffentlich verschmähte und auch andere MySpace-Nutzer begannen sie zu beleidigen. Daraufhin nahm sie sich das Leben (vgl. Patalong 2007).

Diese drei Beispiele beschreiben ein Phänomen, welches der kanadische Pädagoge Belsey als Cyber-Bullying bezeichnet und das aktuell in Deutschland unter dem Begriff Cyber-Mobbing diskutiert wird: Mobbing über das Handy oder das Internet.[2] Erst seitdem Lehrerverbände Alarm geschlagen haben – „Wir sind kein digitales Freiwild" (Wrangel 2007, 18) – ist Cyber-Mobbing in Deutschland in das öffentliche Bewusstsein gerückt. Die technischen Entwicklungen der letzten Jahre, allen voran die mit dem Begriff „Web 2.0" verbundenen Anwendungen, stellen die Grundlage dafür dar. Internetnutzer können ohne großen Aufwand eine eigene Homepage oder einen Forenbeitrag erstellen und dort beispielsweise über die Ex-Freundin Gerüchte verbreiten, einen Lehrer beleidigen oder ein peinliches Video eines Mitschülers präsentieren.

Die Relevanz des Themas lässt sich gut an dem zweiten oben genannten Beispiel verdeutlichen. Hätten die Schüler auf dem Schulhof über die gleichen Inhalte diskutiert, so hätte das weder für die betroffenen Lehrer noch für die

---

[1] Im Folgenden wird bei der Nennung von Personen die männliche Form verwendet, um eine flüssige Lesbarkeit zu ermöglichen. Die weibliche Form ist dabei explizit mit eingeschlossen.

[2] Die Begriffe Cyber-Bullying und Cyber-Mobbing werden synonym verwendet.

Schüler Konsequenzen gehabt, denn es ist anzunehmen, dass die Lehrer und
Außenstehende – in diesem Fall die Presse – nichts davon erfahren hätten.
Dies ändert sich jedoch mit der Verwendung des Internets. Die Einträge sind
nun dauerhaft gespeichert und für die Lehrer selbst sowie für einen theoretisch unbegrenzten Personenkreis einsehbar. Der Spiegel beschreibt, was diese
veränderten Bedingungen für betroffene Schüler bedeuten: „Die Opfer finden
sich vor Tausenden am Pranger, ohne zu wissen, wer die Urheber der Hänsel-
kampagne sind. Mit dem Läuten der Pausenglocke ist das Schikanieren längst
nicht mehr vorbei" (Spiegel 2007a, 107). Mobbingfälle im Internet können
aber nicht nur für die persönliche Entwicklung, sondern auch für die berufliche Zukunft von Bedeutung sein. Bereits 28 Prozent der Personalchefs ziehen
bei der Bewertung eines Kandidaten auch das Internet als Quelle heran (vgl.
Bundesverband deutscher Unternehmensberater BDU e.V. 2006). So können
Mobbing-einträge in der Trefferliste einer Suchmaschine bereits vor dem Be-
werbungsgespräch einen negativen Eindruck vermitteln.

Die Arbeit beschäftigt sich mit diesen *Veränderungen* bei Cyber-Mobbing
gegenüber traditionellem Mobbing. Untersucht wird, inwiefern Formen der
Alltagskommunikation (z. B. Klatsch und Tratsch) durch die Verwendung der
neuen „Distributionswege" Internet und Handy beeinflusst werden. Das Ziel
ist die Beantwortung folgender Fragestellungen: Welche *Merkmale* zeichnen
Cyber-Mobbing aus? Wie lässt sich das Verhalten der jugendlichen *Täter* charakterisieren? Welche *Ursachen* können für das Phänomen ausgemacht werden?
Welche *Auswirkungen* hat Cyber-Mobbing auf die Opfer?

Dazu bedient sich die Untersuchung eines qualitativen Forschungsansatzes. Dabei stand vor allem folgende Überlegung im Vordergrund: Es existieren zwar bereits quantitative Studien, die die Verbreitung von Cyber-Mobbing
unter Jugendlichen betrachten, die grundlegenden Facetten und Dimensionen
des Phänomens sind bislang jedoch noch nicht systematisch untersucht worden. Das bedeutet, dass quantitative Studien dem Phänomen „wissenschaftli-
che Vorstellungen von der Wirklichkeit" (Lamnek 2005, 9) aufdrängen ohne
diese im Feld zu überprüfen. Auch der offene Charakter qualitativer Methoden spricht für deren Verwendung, da diese es ermöglichen, das noch weitgehend unbekannte Thema explorativ zu erschließen. Des Weiteren zielen die
Forschungsfragen inhaltlich nicht auf quantifizierbare Häufigkeiten ab. Vielmehr interessieren, beispielsweise bei der Frage nach den Auswirkungen auf
die Opfer, deren subjektive Erfahrungen und Verhaltensweisen. Diese wurden
im Rahmen von Leitfaden-Interviews mit Betroffenen untersucht. Für die
Analyse der weiteren Fragestellungen wurde auf die Methode des Experteninterviews zurückgegriffen. Dazu führte ich neun persönliche Interviews mit
Personen, die sich im Rahmen ihrer Arbeit mit Cyber-Mobbing in Deutsch-

land beschäftigen, sowie sieben schriftliche Interviews mit angloamerikanischen Experten.[3]

Da Cyber-Mobbing ein relativ umfangreiches Themengebiet mit zahlreichen Randaspekten ist (z. B. sexuelle Belästigung im Internet, Gewalt in der Schule etc.), erfolgen für diese Arbeit zwei Einschränkungen. Zum einen konzentriere ich mich auf Cyber-Mobbing über *öffentliche Kanäle*. Diese Formen sind aus kommunikationswissenschaftlicher Sicht besonders relevant, da hier private Kommunikation öffentlich stattfindet und daher theoretisch weltweit Millionen Nutzer diese mitverfolgen können. Die Nutzung des *Internets* beim Cyber-Mobbing steht demzufolge in dieser Arbeit im Vordergrund. Zum anderen beschränke ich mich auf *jugendliche Täter*, die Gleichaltrige oder ihre Lehrer mobben. Damit ist die Altersgruppe der Zwölf- bis 19-Jährigen gemeint, wobei diese Altersbeschränkung nicht als exakte Eingrenzung sondern als Anhaltspunkt zu verstehen ist. Die angloamerikanische Forschung, die Cyber-Mobbing ausschließlich auf Jugendliche begrenzt (vgl. Aftab 2008b), gibt dies vor. Diese Eingrenzung soll nicht für Cyber-Mobbing in Deutschland übernommen werden, trotzdem konzentriert sich die vorliegende Arbeit auf Jugendliche und junge Erwachsene, um der besonders starken Nutzung des Web 2.0 durch diese Generation Rechnung zu tragen. Sie ist die erste Generation, die während ihres gesamten Sozialisierungsprozesses mit neuen Medien in Berührung kommt. Der Großteil der Jugendlichen empfindet deren Gebrauch in ihrer Alltagskommunikation als selbstverständlich (vgl. Medienpädagogischer Forschungsverbund Südwest (MPFS) 2008). Darüber hinaus sind vor allem in der Pubertät als entscheidende Entwicklungsphase die Anerkennung und der Einfluss der Peergroup[4] von großer Bedeutung, und man kann daher annehmen, dass negative Erfahrungen wie Cyber-Mobbing in dieser Phase besonders relevant sind (vgl. Dambach 1998, 27).

Der Aufbau der vorliegenden Arbeit orientiert sich an den Begriffen „Mobbing" (Kapitel 2) und „Cyber" (Kapitel 3), die zusammen das Kompositum Cyber-Mobbing (Kapitel 4) bilden.

Befasst man sich mit Cyber-Mobbing, liegt es nahe, zunächst einen Überblick über traditionelles Mobbing zu geben. Dabei werden auch Klatsch und dessen soziale Funktionen betrachtet. Zusätzlich erfolgt in Kapitel 2 eine Darstellung der Theorie reziproker Effekte. Hierunter versteht man die Auswirkungen, die die Medien auf die Personen haben, über die sie berichten. Rezip-

---

[3] Für die Teilnahme an den Interviews möchte ich mich bei den Experten und den Opfern herzlich bedanken. Ebenso möchte ich mich bei der Alumni Stiftung der Mainzer Publizisten bedanken, deren Examensstipendium es mir ermöglichte, die Interviews persönlich vor Ort durchzuführen.

[4] Die Peergroup sind die Gleichaltrigen, die die Bezugsgruppe für den Jugendlichen darstellen (vgl. Mikos 2004, 158).

roke Effekte bilden die theoretische Grundlage für die Analyse der Auswirkungen auf die Opfer von Cyber-Mobbing, welche hier als Medienwirkungen aufgefasst werden.

Daraufhin folgt in Kapitel 3 ein Überblick über die mit dem Begriff „Cyber" verbundene virtuelle Welt. Von Interesse sind dabei Theorien und Modelle computervermittelter Kommunikation, eine Darstellung der möglichen Internet- und Handyanwendungen sowie der Nutzung dieser Anwendungen durch die Jugendlichen. Rechtliche Aspekte im Internet werden am Ende dieses Kapitels angesprochen.

Kapitel 4 stellt den aktuellen Forschungsstand über Cyber-Mobbing dar. Hier erfolgt zunächst eine Begriffsbestimmung, daran schließt sich eine Übersicht über die vermuteten Merkmale und über die möglichen Kanäle von Cyber-Mobbing an. Bevor auf die jugendlichen Täter und Opfer eingegangen wird, werden die verschiedenen Methoden vorgestellt, mit denen man Cyber-Mobbing durchführen kann.

In Kapitel 5 werden, ausgehend von den Forschungsfragen, die Wahl der für den empirischen Teil verwendeten Methoden begründet und die Anlage der Untersuchung sowie deren Ablauf vorgestellt.

Die Ergebnisse der eigenen Erhebung werden in Kapitel 6 präsentiert. Hierbei wird zunächst auf die Experteninterviews, im Anschluss daran auf die Interviews mit den Opfern eingegangen.

Die Arbeit schließt in Kapitel 7 mit einer Diskussion der wichtigsten Ergebnisse sowie einem Ausblick auf zukünftige Forschungsfelder.

2. Mobbing

In diesem Kapitel erfolgt zunächst eine Begriffsbestimmung von interpersonaler Kommunikation sowie von Klatsch. Hier werden auch die sozialen Funktionen, die Klatsch erfüllt, aufgezeigt. Im Anschluss an eine Definition von Mobbing folgen eine Charakterisierung der Opfer, Täter und Zuschauer sowie eine Darstellung der Auswirkungen auf die Opfer. Die Frage nach den Auswirkungen auf die Opfer von Cyber-Mobbing stellt eine zentrale Fragestellung der Untersuchung dar. Dabei wird auf die Theorie reziproker Effekte zurückgegriffen, die abschließend vorgestellt wird.

2.1 Interpersonale Kommunikation

Diskussionen, Gespräche und Klatsch sind Formen der interpersonalen Kommunikation. Sie sind für soziale Systeme eine notwendige Grundvoraussetzung, denn Individuen entwickeln sich auf der Basis von Kommunikation. Das heißt, eine Gesellschaft kann sich nur bilden und erhalten, wenn ihre Mitglieder miteinander kommunizieren (vgl. z. B. Hohm 2006, 16; Luhmann 1975, 190; Parsons 1966, 33f.).

Es gibt für Kommunikation *keine* allgemein gültige Definition. In dieser Arbeit soll Kommunikation als soziales Handeln mittels Symbolen verstanden werden, wobei mit sozialem Handeln ein Verhalten gemeint ist, „welches seinem von dem oder den Handelnden gemeinten Sinn nach auf das Verhalten a n d e r e r bezogen wird und daran in seinem Ablauf orientiert ist" (Weber 2002,1, Herv. i. O.). Die Intentionalität ist dabei ein entscheidendes Merkmal. Es handelt sich bei Kommunikation somit um *zielgerichtetes* Handeln (vgl. Burkart 1998, 23-29). Bei diesem sozialen Prozess verständigen sich Sender und Empfänger mittels Zeichen und Codes, um sich Informationen zu übermitteln. „Die Kommunikationsteilnehmer weisen den Zeichen und Codes Bedeutungen zu, die vom Sender kodiert und vom Empfänger dekodiert werden" (Misoch 2006, 8). Interagieren zwei oder mehrere Personen wechselseitig, so spricht man von *interpersonaler Kommunikation*, welche auch als Face-to-Face-Kommunikation bezeichnet wird (vgl. Delhees 1994, 12). Eine weitere Prämisse von interpersonaler Kommunikation ist – zusätzlich zur Interaktion – die Verwirklichung der Handlungsinteraktion (vgl. Burkart 1998, 32). Die vorliegende Arbeit beschäftigt sich mit Formen der Alltagskommunikation, die abzugrenzen sind von formaler Kommunikation, wie beispielsweise Kommunikation zwischen Angestellten und Vorgesetzen.

Kommunikation ist somit ein essentieller Bestandteil sozialer Beziehungen. Soziale Beziehungen zwischen den Kommunizierenden prägen wiederum den Verlauf des Kommunikationsprozesses. Ist die Kommunikation gestört, so wirkt sich dies folglich negativ auf soziale Beziehungen aus.

2.2 Klatsch und seine sozialen Funktionen

Klatsch ist eine Form der Alltagskommunikation, bei der der Klatschproduzent mit dem Rezipienten Neuigkeiten über persönliche Angelegenheiten des Klatschobjektes austauscht.[5] Klatsch bezeichnet einerseits den *Inhalt* einer Kommunikation, andererseits aber auch den *kommunikativen Prozess*, d. h. einen Kommunikationsvorgang. Dabei findet interpersonale Kommunikation zwischen zwei oder mehreren Teilnehmern über Dritte statt.

Damit es zum Klatsch kommen kann, muss das Klatschobjekt abwesend und sowohl dem Klatschproduzenten als auch dem Klatschrezipienten bekannt sein. Außerdem ist das Vorhandensein von Privatsphäre eine Voraussetzung (vgl. Bergmann 1987, 67-74). Denn entscheidend für soziale Beziehungen ist nicht nur, dass die Beteiligten etwas voneinander wissen, sondern auch, dass sie etwas geheim halten. Bergmann bezieht sich dabei auf Simmel (1983), der von einer zweiten Welt neben der offenbaren Welt spricht. „Genau in diesem spannungsreichen Verhältnis zwischen offenbarter ,erster' und verborgener ,zweiter' Welt liegt die zentrale Thematik von Klatsch" (Bergmann 1987, 72).

Klatsch gilt gesellschaftlich als verpönt, erfüllt aber gleichzeitig mehrere soziale Funktionen. Zum einen ist Klatsch ein Mittel der sozialen Kontrolle, denn er erzwingt Konformität, indem kritisch auf abweichendes Verhalten einer anderen Person hingewiesen und dadurch sozialer Druck auf diese ausgeübt wird. Damit wird implizit die Geltung geteilter Normen und Werte bestätigt (vgl. ebd., 193f.).[6]

Zusätzlich dient Klatsch auch dem Erhalt sozialer Gruppen. Dadurch, dass sich die Klatschakteure an dem gruppenspezifischen Kodex von Regeln und Werten orientieren und sich Klatsch meist auf die Mitglieder sozialer Gruppen beschränkt, verpflichten sie sich und das Klatschobjekt auf ihre ge-

---

[5] Hier geht es um Klatsch in der Alltagskommunikation, nicht um Medienklatsch über Prominente.
[6] Bergmann merkt an, dass nicht der Klatsch selbst das Mittel zur sozialen Kontrolle ist, sondern die möglichen sanktionierenden Reaktionen, die durch den Klatsch ausgelöst werden, bzw. die Angst vor dem Klatsch, die Antizipation von Klatsch (vgl. Bergmann 1987, 193f.).

meinsame Mitgliedschaft in einer sozialen Gruppe und erkennen diese damit als eine verbindliche soziale Einheit an (vgl. Gluckmann 1963, 312f.).[7] Zum anderen kann als eine weitere Funktion von Klatsch die Technik des Informationsmanagements ausgemacht werden. Die Grundannahme lautet hier, dass Klatsch eine Methode der informellen Kommunikation ist, bei der es hauptsächlich um den Austausch von Informationen geht. Zweck des Klatsches ist es, die Interessen des Klatschakteurs zur Geltung zu bringen, um den eigenen Status zu erhöhen. Damit wird eine Funktion des „Impression Management" erfüllt (vgl. Bergmann 1987, 203).

Die vierte Funktion, die von Bergmann vertretene These, beschreibt Klatsch als „Sozialform der diskreten Indiskretion" (ebd., 210). Sie basiert auf der Vermutung, dass mit dem Wissen über Privates strukturell die Tendenz zum Klatsch verbunden ist, da der Klatschproduzent sein Wissen in soziale Werte umtauschen kann, wie beispielsweise gesellschaftliche Anerkennung oder Prestige. Der Klatschproduzent ist zwar einerseits dem Klatschobjekt Diskretion schuldig, andererseits ist man anderen Freunden gegenüber zur Loyalität verpflichtet, die Neuigkeit zu berichten. Diese paradoxe Loyalitätsstruktur von Freundschafts- und Bekanntheitsbeziehungen beschreibt Bergmann als Hauptursache für den Erfolg von Klatsch. Durch das Erzählen von geheimen Informationen begeht der Klatschakteur einen Akt der Indiskretion, er verzichtet aber darauf das Wissen wahllos zu verbreiten. Er gibt es gezielt an gemeinsame Freunde und Bekannte weiter und verhält sich somit nach Bergmann wieder rücksichtsvoll und diskret (vgl. Bergmann 1987, 210).

Suls (1977, 165-168) stellt eine weitere These auf, die besagt, dass Klatsch für den Bereich des Verhalten verwendet wird, über den bei den Gruppenmitgliedern *kein* Konsens herrscht.[8] Er bezieht sich dabei auf die Theorie des sozialen Vergleichs von Festinger (1954), die davon ausgeht, dass Menschen das Bedürfnis haben, ihre Einstellung und ihre Fähigkeiten zu bewerten, indem sie sich mit anderen Individuen vergleichen. Klatsch scheint hierfür gut geeignet zu sein, denn es können Probleme vermieden werden, die beim direkten Vergleich auftreten, z. B. eine peinliche Situation durch Fragen oder Beobachten. Festinger geht davon aus, dass Individuen, die erfolglos versuchen ihr Selbstbewusstsein aufzubauen, sich an niedriger gestellten Individuen orientieren. Besonders für diesen Fall kann Klatsch eine zweckmäßige Methode sein.

---

[7] Gluckmann fügt aber hinzu, dass Klatsch diese Funktion nur in solchen Gruppen erfüllt, die bereits durch ein Gefühl der Zusammengehörigkeit zu einer Gruppe geworden sind. Wenn eine soziale Gruppe zerfällt, kehrt sich diese Funktion um. Klatsch beschleunigt dann den Auflösungsprozess der Gruppe (vgl. Gluckmann 1963, 314).

[8] Er kritisiert an den oben genannten Ansätzen, dass sie davon ausgehen, dass die Gruppenmitglieder sich über die Normen für erwünschtes und unerwünschtes Verhalten einig seien.

Bereits im Kindesalter erlernen Menschen die Fähigkeit zum Klatschen. Fine (1977, 181-183) konnte in einer Beobachtung zwei Unterschiede zwischen dem Klatsch unter Erwachsenen und dem unter Kindern feststellen. Erstens, sehen Kinder Klatsch nicht als etwas an, das von der Peergroup negativ bewertet wird. Klatsch ist daher bei Kindern wesentlich öffentlicher als unter Erwachsenen. Zweitens, besteht ein Unterschied darin, dass Erwachsene immer über Nicht-Anwesende klatschen, während Kinder auch in Anwesenheit des Klatschobjektes über dieses reden. Damit ist jedoch eine der Voraussetzungen von Klatsch nicht mehr erfüllt und der Klatsch kann zu Mobbing führen.

2.3 Traditionelles Mobbing

2.3.1 Definition

Eine vielfach verwendete Definition, auf welche sich auch diese Arbeit bezieht, stammt von Olweus, der von Mobbing (*auch*: bullying) spricht, wenn ein oder mehrere Schüler *„wiederholt und über eine längere Zeit den negativen Handlungen eines oder mehrerer anderer Schüler oder Schülerinnen ausgesetzt ist"* (vgl. Olweus 1996, 22, Herv. i. O.).[9] Eine detaillierte Definition für Mobbing in der Schule findet sich bei Gollnick (2006, 36):

> „Unter Mobbing wird eine konfliktbelastete Kommunikation in der Klasse/im Kurs also unter Mitgliedern einer Lerngruppe, oder zwischen Lehrperson(en) und Schüler/innen verstanden, bei der die angegriffene Person unterlegen ist und von einer oder mehreren Personen systematisch, oft und während längerer Zeit mit dem Ziel und/oder dem Effekt der Ausgrenzung aus der Lerngruppe direkt oder indirekt angegriffen wird und dies als Diskriminierung empfindet. Dabei sind die Angriffe in verletzender Weise tendiert (beabsichtigt) und können sich gegen einzelne, aber auch gegen eine Gruppe richten und von einzelnen oder von einer Gruppe ausgehen."

Die wesentlichen Merkmale von Mobbing sind somit Konfrontation, Belästigung, Ungleichgewicht zwischen Opfer und Täter und die Häufigkeit der Angriffe über einen längeren Zeitraum (vgl. Leymann 2002, 22). Mobbing stellt keine Form der interpersonalen Kommunikation dar, da hier nicht im-

---

[9] Der Begriff stammt von dem englischen Verb „to mob" ab und bedeutet so viel wie anpöbeln. Er geht auf den Verhaltensforscher Konrad Lorenz zurück, der damit Gruppenangriffe von unterlegenen Tieren bezeichnete, um einen überlegenen Gegner zu verscheuchen.

mer wechselseitige Interaktionen stattfinden. Mobbing ist vielmehr eine Folge von Kommunikationsprozessen.

Mobbing kann direkt stattfinden (körperlich und verbal), aber auch indirekt (psychologisches Mobbing), z. B. durch das Verbreiten von Gerüchten oder den Ausschluss eines Individuums aus einer Gruppe (vgl. Abb. 1).

Abb. 1: Formen von Mobbing

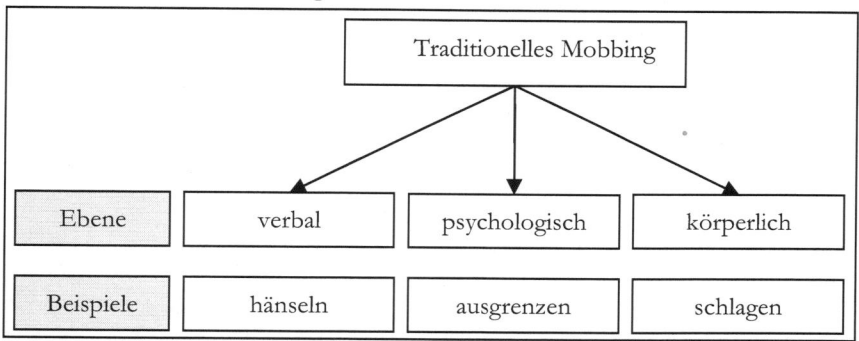

Quelle: eigene Darstellung

Einer Langzeitstudie der Universität München zufolge sind in Deutschland vier Prozent aller Schüler ernsthaft von Mobbing betroffen. Das bedeutet, dass es bei einer Schülerzahl von rund zehn Millionen, etwa eine halbe Million betroffene Schüler gibt (vgl. Schäfer, Korn, Brodbeck, Wolke & Schulz 2005: 331). In einer Online-Befragung kommt das Zentrum für empirische pädagogische Forschung (ZEPF) zu dem Ergebnis, dass mehr als die Hälfte aller Schüler (54 Prozent) von traditionellem Mobbing betroffen sind.[10] Vor allem in der Grundschule (71 Prozent) tritt Mobbing verstärkt auf (vgl. Jäger, Fischer & Riebel 2007, 10).

Leymann systematisiert das Verhalten der mobbenden Personen nach fünf unterschiedlichen Ansatzpunkten. Erstens, Angriffe auf die Möglichkeiten, sich mitzuteilen, z. B. durch ständiges Unterbrechen des Opfers. Zweitens, durch Angriffe auf die sozialen Beziehungen, wenn man beispielsweise eine

---

[10] Die Skala der Antwortmöglichkeiten auf die Frage, wie oft man in den letzten zwei Monaten Mobbing-Opfer war, ging hier von „nur ein bis zwei Mal" bis „mehrfach pro Woche". Aus den Ergebnissen ist nicht ersichtlich, welche Abstufungen mit aufgenommen wurde, was möglicherweise die hohe Anzahl erklärt. Dies kann zusätzlich auf die Selbstselektion der Befragten zurückgeführt werden. Denn die Befragung war auf Internetseiten über Mobbing platziert (z.B. seitenstark.de), bei denen man vermuten kann, dass sie stärker von Opfern genutzt werden.

Person „wie Luft" behandelt. Drittens, Angriffe auf das soziale Ansehen, indem man z. B. jemanden lächerlich macht. Viertens, Angriffe auf die Qualität der Berufs- und Lebenssituation, z. B. durch das Verteilen von sinnlosen Aufgaben und fünftens, Angriffe auf die Gesundheit, z. B. durch körperliche Misshandlung (vgl. Leymann 2002, 23-34).

Mobbing hat eine zyklische Struktur. Die Gruppe weist einem (oder mehreren) eine Außenseiterrolle zu; der Außenseiter wird gemobbt und fühlt sich dadurch unwohl. Er verändert sein Verhalten, was wiederum Reaktionen der Mitschüler hervorruft. Die Gruppe begründet ihre Ausgrenzung dann mit dem Verhalten des Außenseiters, welches sie selbst durch das Mobbing provoziert hat. Das Verhalten wird nicht als Abwehrverhalten erkannt. Dieser Teufelskreis zwingt das Opfer zu immer neuen Aktionen, um sich selbst zu behaupten (vgl. Dambach 1998, 48; Kasper 1998, 28f.).

2.3.2 Akteure

Jugendliche, die andere mobben, weisen häufig folgende Merkmale auf: Sie sind älter und physisch stärker als ihre Opfer, sie empfinden die Beziehung zu ihren Eltern als negativ und berichten von Gewaltanwendungen in der Erziehung. Sie zeichnen sich durch Aggressivität gegenüber ihren Mitschülern, aber auch gegen Eltern und Lehrer aus und haben eine positivere Einstellung gegenüber Gewalt als ihre Mitschüler. Viele der Täter haben ein starkes Bedürfnis, Macht über andere auszuüben; sie haben kaum Mitgefühl den Opfern gegenüber. Sie schwänzen häufiger die Schule und sind eher schlechtere Schüler. Außerdem schauen sie öfters gewalthaltige Filme als ihre Mitschüler und sind häufiger delinquent (vgl. Olweus 1996, 44f.).[11] Weitere Untersuchungen zeigen, dass insgesamt mehr Jungen in Mobbing involviert sind und vor allem eher direkt (körperlich) gemobbt werden. Mädchen werden dagegen häufiger verbal und psychologisch gemobbt (vgl. z. B. Bjorkvist, Lagerspetz & Kaukiainen 1992, 121; Jäger et al. 2007, 18; Olweus 1996, 29-31).

Das typische Opfer („der passive oder ergebene Opfertyp") ist nach Olweus ängstlicher und unsicherer als durchschnittliche Schüler, oft auch eher vorsichtig und relativ still. Wenn solche Personen gemobbt werden, reagieren sie meistens mit Rückzug. Viele Opfer haben ein mangelndes Selbstwertgefühl sowie eine negative Einstellung zu sich selbst und ihrer Situation. Größtenteils fühlen sie sich in der Schule einsam und haben keinen guten Freund in ihrer Klasse. Ihr Verhalten ist weder aggressiv noch aufdringlich, sondern eher in-

---

[11] Für ausführlichere Informationen über Gruppenmechanismen, Erziehungsmethoden und Faktoren, die Mobbing unterstützen vgl. Olweus (1996, 48-53).

trovertiert, sensibel und ängstlich. Sie zeigen häufig schulisches Problemverhalten, Leistungsabfall und haben weniger Spaß an der Schule. Seltener tritt
der provozierende Opfertyp auf, der seine Mitschüler durch sein Verhalten
auf sich aufmerksam macht. Diese Schüler reagieren sowohl ängstlich als auch
aggressiv auf ihr Umfeld. Sie haben oft Konzentra- tionsprobleme und ihr
Verhalten verursacht dadurch Ärger und Spannungen (vgl. Olweus 1996, 43;
Wöbken-Ekert 1998, 56-59).

Zuschauer, in der Literatur auch „bystander" genannt, spielen im Mobbingprozess eine große Rolle. Sie beeinflussen durch ihr Verhalten den Verlauf entscheidend mit, indem sie entweder den Täter ermutigen und z. B. mit
ihm über das Opfer lachen oder im Gegenteil das Opfer verteidigen und ihm
helfen. Pellegrini und Long (2002) zeigen in ihrer Studie einen Zusammenhang zwischen dem Bedürfnis nach Dominanz in einer Peergroup und Mob-
bingverhalten. Das heißt, die verstärkte Aufmerksamkeit von Zuschauern unterstützt und ermutigt die mobbende Person.[12]

2.3.3 Auswirkungen

Für das Opfer kann Mobbing enorme gesundheitliche, psychische und soziale
Folgen haben. Ein schwaches Immunsystem, Bluthochdruck, Magenkrankhei-
ten, Schlafstörungen und Depressionen sind die häufigsten gesundheitlichen
Folgen. Als psychische Auswirkungen nennen die Betroffenen eine Beein-
trächtigung des Selbstbewusstseins, psychosomatische Reaktionen (z. B.
Bauchschmerzen, Schlafstörungen), psychischen Stress, schulische Leistungs-
probleme, Motivationsprobleme und Meidungsverhalten. Sie fühlen sich sozial
ausgegrenzt, bis hin zur Stigmatisierung (vgl. Kasper 1998, 33-35).

2.4 Reziproke Effekte

Klatsch und Mobbing finden bei Cyber-Mobbing im Internet oder über das
Handy statt. Die Personen, die über öffentliche Kanäle diskreditiert werden,
werden somit sinngemäß zu Objekten von Berichterstattung im Internet –
auch wenn diese von Privatpersonen und nicht von Journalisten vorgenommen wird. Sei es ein Lehrer, der von seinen Schülern in einem Forum beleidigt
wird oder eine Schülerin, über die eine Klassenkameradin auf ihrem Blog Gerüchte verbreitet. Die Auswirkungen von Cyber-Mobbing werden hier somit
als Medienwirkungen aufgefasst. Der Einfluss, den die Medien dabei auf diese

---

[12] Vgl. Kindler (2002) für eine ausführliche Betrachtung der Ursachen von Mobbing.

Personen ausüben, wird in der Kommunikationswissenschaft als reziproker Effekt bezeichnet.[13] Dieser Begriff bezieht sich auf „[…] all persons about whom the media report – prominent figures as well as unknown individuals, decision makers as well as people with no real power" (Kepplinger & Glaab 2007, 338). Reziproke Effekte fanden in den Kommunikationswissenschaften bisher wenig Beachtung, was unter anderem daran liegt, dass nur über einen kleinen Teil der Bevölkerung in den Medien berichtet wird und der Zugang zu diesen Personen schwierig ist, da es sich in vielen Fällen um Entscheidungsträger handelt. Mit der wachsenden Bedeutung des Internets und der damit einhergehenden steigenden Nutzung computervermittelter Kommunikation steigt jedoch die Anzahl der privaten Personen, über die im Internet „berichtet" wird und dadurch auch die Relevanz reziproker Effekte. Die Zahl der Rezipienten einer Internetseite ist zwar in den meisten Fällen nicht so groß wie z. B. beim Fernsehen, trotzdem sind die Inhalte theoretisch für jeden zugänglich. Darüber hinaus entsprechen die „Zuschauer" möglicherweise genau dem Bekanntenkreis bzw. dem sozialen Umfeld dieser Person. Trotzdem gibt es bisher noch keine Theorie über reziproke Effekte, die „den Anforderungen an ein theoretisches Konstrukt gerecht wird" (Köbke 2001, 3).

2.4.1 Auswirkungen auf die Opfer

Es gibt ferner kaum Studien, die die psychosozialen Auswirkungen der Berichterstattung auf die Personen, über die berichtet wird, untersuchen. Eine der wenigen Studien hierzu wurde von Kepplinger und Glaab durchgeführt.[14] Sie befragten medienerfahrene und medienunerfahrene Personen, die sich beim Deutschen Presserat wegen negativer Berichterstattung über ihre eigene Person beschwert hatten. Dabei fanden sie unter anderem heraus, dass die Befragten sehr stark emotional auf die Berichterstattung reagierten. Die im Umgang mit den Medien unerfahrenen Personen haben sich geärgert (83 Prozent), fühlten sich hilflos (57 Prozent) oder äußerten das Gefühl, verlassen zu sein (34 Prozent). 45 Prozent dieser Betroffenen nahmen Verhaltensänderungen im sozialen Umfeld wahr, beispielsweise, dass Personen ihnen aus dem Weg gingen (34 Prozent) (vgl. Kepplinger & Glaab 2005, 127-132).

Als Folge der negativen Berichterstattung können direkte und indirekte Effekte auf die Opfer entstehen. Bei den direkten Effekten handelt es sich um

---

[13] Die Bezeichnung geht zurück auf die Arbeit von Lang und Engel Lang (1953), die bei der Analyse der Medienberichterstattung des MacArthur Day in Chicago eher zufällig eine Diskrepanz zwischen dem Geschehen vor Ort und der Berichterstattung bemerkten, was sie auf eine Beeinflussung der Zuschauer durch die Kameras vor Ort zurückführten.

[14] Vgl. auch Kepplinger & Zerback 2009

den unmittelbaren Einfluss auf Kognitionen, Bewertungen, Emotionen und das Verhalten der Betroffenen durch den Inhalt der Berichterstattung. Indirekt werden die betroffenen Personen durch das Verhalten ihres Umfelds, ihrer Bekannten und Freunde beeinflusst, die ebenfalls die Berichterstattung wahrgenommen haben (vgl. Kepplinger 2007, 7). Lamp (2008, 86f.) unterteilt die indirekten Effekte in einem weiteren Schritt in primäre und sekundäre Viktimisierung. „Die primäre Viktimisierung bezieht sich auf Reaktionen der Umwelt, die in einem *tatsächlichen* Bezug zu der negativen Medienberichterstattung stehen" (Lamp 2008, 86, Herv. i. O.), z. B. direkte Fragen zu dem Vorfall. Die sekundäre Viktimisierung dagegen, bezeichnet vom Opfer unterstellte Reaktionen der Umwelt in Bezug auf die Berichterstattung. Die von Kepplinger und Glaab befragten Personen unterstellen anderen Personen ein Verhalten, z. B. dass sie ihnen aus dem Weg gegangen sind, was jedoch ebenso andere Ursachen haben kann (der Bekannte war beispielsweise in Gedanken).

Die Auswirkungen von negativer Berichterstattung auf die Betroffenen („Medienopfersyndrom") beschreibt auch der Psychologe Gmür (2002, 184-193). Er stellt fest, dass viele Medienopfer sich einer sozialen Todesangst ausgesetzt sehen bzw. von Existenzvernichtungsangst bedroht fühlen, z. B. dem Verlust von Beruf, Stellung, Ansehen und Freundschaften. Zusätzlich halten diese Emotionen länger an als bei anderen Traumaopfern. Die Gefühle gehen weit über den Zeitraum der Berichterstattung hinaus, was vor allem daran liegt, dass die Opfer wenige Möglichkeiten haben, die Informationen in der Öffentlichkeit zu beeinflussen. Gmür berichtet beispielsweise von Schülern, die eine Todesanzeige ihres Lehrers in der Zeitung veröffentlichen ließen. Der betroffene Lehrer fühlte sich danach ständig von seinen Mitmenschen belächelt. In seinen Analysen konnte Gmür unter anderem folgende spezifische Medienopfersyndrome identifizieren: das Gedankenkreisen um das veröffentlichte Thema, die Angst vor weiterer Bloßstellung, Schamgefühle aufgrund der starken Aufmerksamkeit, soziale Vermeidenshaltung, soziale Angst vor Disqualifizierung, Diskriminierung und Isolierung, Angst vor Reaktionen aus Bekanntenkreis und Öffentlichkeit, reaktive Überanpassung durch Bravheit und zwanghaftes Bemühen, reale oder vermeintliche Vorurteile zu widerlegen.

Die Ergebnisse einer neurowissenschaftlichen Untersuchung von Eisenberger, Liebermann und Williams (2003, 290-292) können erklären, warum negative Berichterstattung so enorm starke psychosoziale Auswirkungen hervorrufen kann. Die Autoren zeigten, dass bei sozialer Ablehnung und Isolation dieselbe Hirnregion (vorderer cinguläre Cortex) aktiviert wird wie bei physischem Schmerz. Soziale Ausgrenzung verursacht somit ähnliche Schmerzen, wie z. B. ein Schlag in den Magen. Der soziale Schmerz wird dabei nicht unbedingt durch die räumliche Distanz zu den Mitmenschen verursacht, sondern durch die Wahrnehmung des Umfelds. In der Untersuchung machte es keinen Unterschied, ob es sich um tatsächliche oder eingebildete Verhaltensweisen handelte. Bereits der Gedanke an mögliche Reaktionen von Freunden oder Bekannten löste den sozialen Schmerz aus.

2.4.2 Modelle reziproker Effekte

Der Prozess reziproker Effekte wird in zwei Modellen von Daschmann (2007) und Kepplinger (2007) beschrieben. Die Modelle basieren auf ähnlichen Annahmen und sollen daher im Folgenden gemeinsam betrachtet werden. Das Modell von Daschmann unterscheidet zwischen den Bereichen Aufmerksamkeit, Wahrnehmung, Kognitionen, Emotionen und mentaler Kontrolle. Kepplinger teilt die relevanten Faktoren in Primär-, Sekundär- und Tertiärvariablen ein. Die Primärvariable bezieht sich dabei auf das *Medium* und den *Inhalt der Berichterstattung*. Für die Opfer von Cyber-Mobbing ist es beispielsweise relevant, ob der Vorfall auf einer öffentlichen Homepage oder einem privaten Weblog stattfindet und ob der eigene Name in dem Text genannt wird. Die Sekundärvariable des Modells beinhaltet die *Wahrnehmung* der Berichterstattung und die sich anschließende kognitive Verarbeitung der Medieninhalte. Hier setzt auch das Modell von Daschmann mit dem ersten Bereich der *Aufmerksamkeit* an. Beide Modelle nehmen an, dass Personen, die negative Dinge über sich lesen, diese mit stärkerer Aufmerksamkeit verfolgen als andere Rezipienten. Dabei tritt vermutlich eine Diskrepanz zwischen der eigenen Wahrnehmung ihres Verhaltens und der Darstellung des Verhaltens durch andere Personen auf (vgl. Daschmann 2007, 196; Kepplinger 2007, 11). Diese Unstimmigkeiten versuchen die Betroffenen zu verringern. Daraus erfolgt erhöhter Konformitätsdruck. Durch Verdrängung, Reizvermeidung oder Konformitätsverhalten wird versucht diesen abzubauen. Da ihnen bewusst ist, dass sie das Bild, welches von ihnen in den Medien entsteht, nicht bei jedem Rezipienten korrigieren können, fühlen sie sich machtlos (vgl. Daschmann 2007, 196f.; Kepplinger 2007, 13). Die Tendenz, dass viele Menschen dazu neigen, den Einfluss der Medien auf andere Personen zu überschätzen (Third-Person-Effekt), ist bei der *Wahrnehmung* des sozialen Umfelds von Relevanz (vgl. Brosius & Engel 1997; Davison 1996). Dadurch überschätzen Betroffene häufig auch die Folgen der negativen Berichterstattung über ihre Person auf ihre Freunde und Bekannte. „Aufgrund dieser Fehleinschätzung dürften die Betroffenen ihre soziale Ausgrenzung überschätzen und so einen verstärkten Handlungs- und Konformitätsdruck empfinden und zu Überreaktionen tendieren" (Daschmann 2007, 198).

Im nächsten Bereich des Modells von Daschmann, der Bereich der *Kognitionen,* ist die Faktizität der Berichte entscheidend. Hier geht es nicht um externe Einschätzungen, sondern vor allem darum, ob der Betroffene selbst die Berichte als richtig oder falsch empfindet, wobei man Letzteres in den meisten Fällen von Cyber-Mobbing annehmen kann. Bei der Betrachtung des Bereiches der *Emotionen* beziehen sich beide Modelle auf die Appraisaltheorien, die Emotionen mit Kognitionen in Verbindung bringen. Je nachdem wie der Bewertungsprozess im Bereich der Kognitionen abläuft, können daraus bestimmte *Emotionen* abgeleitet werden. Auf Ereignisse, an denen andere Akteure schuld sind und die subjektiv negativ bewertet werden, reagieren Menschen den Appraisaltheorien zufolge mit Ärger oder Empörung (vgl. Daschmann 2007, 198f.; Kepplinger 2007, 12f.). Bei den Opfern von Cyber-Mobbing kann man daher vermuten, dass diese Emotionen hervorgerufen werden.

Die Tertiärvariable im Modell von Kepplinger bezieht sich auf die oben genannten direkten und indirekten Effekte für die Betroffenen. Hier werden sowohl die Konsequenzen, die die Berichterstattung für die Betroffenen hat, als auch die möglichen Reaktionen betrachtet. Die Betroffenen haben dabei zwei Alternativen: „They can do nothing, hoping the coverage will quickly end, or they can react to minimize the anticipated effect on the general public" (Kepplinger 2007, 14). Die weiteren Auswirkungen auf das Verhalten der Betroffenen beschreibt Daschmann im letzten Bereich seines Modells. Es geht dabei um die vom Betroffenen wahrgenommenen Möglichkeiten der *Kontrolle.* Das Modell bezieht sich hier auf die Theorie der Selbstkontrolle von Fiske, Morling und Stevens (1996), die zwischen mentaler und sozialer Kontrolle unterscheiden. Als mentale Kontrolle bezeichnen die Autoren die Kontrolle des Selbst, des eigenen Selbstwertgefühls und der sozialen Rolle. Von sozialer Kontrolle reden sie, wenn Menschen das Selbst anderer und deren Selbstwerteinschätzung kontrollieren. Je größer die soziale Kontrolle ist, der eine Person ausgesetzt ist, umso geringer sind ihre mentale Kontrolle und ihre Selbstwerteinschätzung. Dies führt zu einem Verlust des Selbstwerts. Ist das Handeln einer Person ganz von anderen bestimmt, kommt es zu einem Gefühl der Ohnmacht. Bei einer heterogenen Gruppe wird diese Person aktiv, um das aus der Situation resultierende Ohnmachtgefühl zu beseitigen. „Sieht sich die Person jedoch einer homogenen Bewertungsgruppe gegenüber, werden diese Versuche nahezu vollständig eingestellt. Die Gruppe wird als verschworener Klüngel wahrgenommen, deren Interaktionen nicht nachvollziehbar erscheinen" (Daschmann 2007, 201). Man kann vermuten, dass Opfer von Cyber-Mobbing, die sich in einer solchen Situation befinden, ihr Verhalten stark kontrollieren müssen. Außerdem erscheint es ihnen aussichtslos gegen die Gruppe anzugehen (vgl. Fiske et al. 1996, 119f.).

Beide Modelle verdeutlichen, wie groß der psychische Druck sein kann, unter dem die Betroffenen leiden – sie werden sozusagen an den virtuellen Medienpranger gestellt. Die daraus resultierenden Folgen können wiederum das Verhalten der Betroffenen beeinflussen, was erneut zu Berichterstattung bzw. Mobbingfällen führen kann (vgl. Daschmann 2007, 206).

2.5 Zusammenfassung

Bei Cyber-Mobbing kann es sich um Klatsch handeln, den zwei Personen über Dritte im Internet austauschen oder um direkte Konfrontation zwischen zwei oder mehreren Personen, beispielsweise in einem Forum. Dies sind Formen der interpersonalen Kommunikation. Dabei ist der für diese Arbeit relevante Bereich in den der Alltagskommunikation einzuordnen. Dazu gehört auch Klatsch, bei dem informell Neuigkeiten über nicht-anwesende Dritte ausgetauscht werden. Klatsch wird einerseits in der Gesellschaft gefürchtet, erfüllt aber andererseits wichtige soziale Funktionen, wie beispielsweise den Erhalt von Gruppennormen. Eine Folge von Klatsch kann Mobbing sein. Man spricht von Mobbing, wenn es sich um gezielte Konfrontation handelt, die über einen längeren Zeitraum stattfindet und ein Ungleichgewicht der Kräfte zwischen Täter und Opfer vorherrscht. Die in Mobbing involvierten Jugendlichen können mit bestimmten Persönlichkeitsmerkmalen charakterisiert werden. Während die Täter eher auffällig sind und eine positivere Einstellung zu Gewalt haben ist das typische Opfer eher ruhig und unsicher. Mobbing-Opfer leiden häufig unter psychischen Auswirkungen, wie Stress und Unsicherheit sowie unter physischen Auswirkungen, beispielsweise Magen- und Kopfschmerzen. Bei Cyber-Mobbing können die Auswirkungen auf die Opfer als reziproke Effekte aufgefasst werden, da im Internet über sie „berichtet" wird. Die Modelle von Daschmann (2007) und Kepplinger (2007) verdeutlichen den Prozess, der aufgrund der Vorfälle bei den Opfern ausgelöst wird. Demnach verfolgen die Betroffenen negative Berichterstattung über die eigene Person mit erhöhter Aufmerksamkeit. Sie überschätzen daraufhin die Wirkung dieser Berichte auf ihr Umfeld und führen etwaige Verhaltensänderungen auf den Vorfall zurück. Daraus folgend werden sie unsicherer und müssen ihr Verhalten immer stärker kontrollieren. Sie können außerdem nicht beeinflussen, wer über den Vorfall informiert ist. Da sie das Bild über ihre Person in der Öffentlichkeit nicht korrigieren können, fühlen sie sich machtlos und reagieren mit Ärger und Wut. Es treten dabei sowohl direkte Effekte aufgrund der Inhalte der Vorfälle selbst, als auch indirekte Effekte als Folge des Verhaltens des Umfelds auf.

3. Cyberspace

Der Begriff Cyberspace stammt aus dem Science-Fiction-Roman „Neuromancer" von Gibson (1984). Er steht dort als Metapher für eine von Computern und Computernetzen generierte parallele Welt bzw. eine virtuelle Welt. „Cyber" ist vom griechischen Begriff Kybernetike („Kunst des Steuermanns") abgeleitet und Space stammt aus dem Englischen für Raum bzw. Weltraum. Im alltäglichen Sprachgebrauch wird „die Metapher des *Cyberspace* bzw. die Vorsilbe *Cyber-* ... verwendet wie das Attribut virtuell und soll die Nutzung und Bedeutung des Internet im Zusammenhang mit einem bestimmten sozialen Phänomen unterstreichen" (Döring 2003, 48, Herv. i. O.). Dies gilt auch für das Phänomen Cyber-Mobbing. Hier umfasst die Vorsilbe „Cyber-" aber zusätzlich zum Internet auch das Handy (vgl. Belsey 2008).

Internet und Cyberspace sind jedoch nicht identisch. In der sozialwissenschaftlichen und technischen Forschung wird das Internet als Infrastruktur des Cyberspace betrachtet, denn der Cyberspace wird erst durch computervermittelte Kommunikation verwirklicht (vgl. Thiedecke 2004, 27). Computervermittelte Kommunikation stellt auch die Grundlage von Cyber-Mobbing dar und soll daher zu Beginn dieses Kapitels ausführlich betrachtet werden. Dabei sind vor allem die Veränderungen im Vergleich zur interpersonalen Kommunikation von Interesse sowie Theorien und Modelle der computervermittelten Kommunikation. Bevor ich auf die Internet- und Handynutzung von Jugendlichen eingehe, werden kurz die möglichen Anwendungen erläutert, die sie bei dieser Form der Kommunikation nutzen können. Dabei müssen die Jugendlichen über eine gewisse Medienkompetenz verfügen. Dieser Begriff wird hier definiert und erläutert. Das Kapitel schließt mit der Betrachtung von rechtlichen Aspekten im Internet.

3.1 Computervermittelte Kommunikation

3.1.1 Definition

Unter computervermittelter Kommunikation werden in dieser Arbeit „alle kommunikativen, d. h. sozialen Austauschprozesse verstanden, die durch einen Computer als vermittelndes technisches Medium stattfinden" (Misoch 2006, 37). Bei dieser Art von Kommunikation benötigen sowohl der Sender als auch der Empfänger einen Computer für die En- bzw. Dekodierung einer

Nachricht. Außerdem müssen die Computer miteinander vernetzt sein, was meistens über das Internet erfolgt (vgl. Misoch 2006, 37).[15] Computervermittelte Kommunikation lässt sich in synchrone und asynchrone Kommunikation aufteilen. Bei der synchronen Kommunikation findet der Austausch zwischen den Beteiligten zeitgleich statt wie bei einem Face-to-Face-Gespräch (z. B. beim Chat), während bei der asynchronen Kommunikation der Adressat die Botschaft zu einem anderen Zeitpunkt empfängt, als sie vom Sender verschickt wird, beispielsweise per E-Mail. Hier müssen die Gesprächspartner nicht gleichzeitig online sein, um miteinander zu kommunizieren.

Die Kommunikationssituationen können außerdem bezogen auf ihre Reichweite bzw. ihre Sender- und Empfängerstruktur unterschieden werden. Es können Individualkommunikation (one-to-one), Gruppenkommunikation (many-to-many) und Uni-, bzw. Massenkommunikation (one-to-many) stattfinden (vgl. Misoch 2006, 54f.).

Bei der computervermittelten Kommunikation verändert sich die Rolle des Rezipienten. Er wird zum interaktiven Nutzer, der nicht mehr von den vorgefertigten Angeboten der Massenmedien abhängig ist, sondern selbst Medieninhalte verfassen und mit diesen an verschiedene Personenkreise herantreten kann (User Generated Content). Er ist somit Rezipient und Kommunikator zugleich. Dabei kann er auch nicht mehr nur mit einzelnen Personen aus dem Bekannten- und Freundeskreis, sondern auch mit unbekannten Personen kommunizieren. Diese Veränderung ist für das Thema Cyber-Mobbing besonders relevant, denn bei den Mobbingeinträgen handelt es sich zumeist um User Generated Content.

3.1.2 Merkmale

Computervermittelte Kommunikation kann nach Misoch (2006, 56-61) durch fünf Merkmale von der Face-to-Face-Kommunikation abgegrenzt werden. Das erste Merkmal, die *Entkörperlichung*, macht deutlich, dass bei der computervermittelten Kommunikation nonverbale Zeichen wie Gestik, Mimik, Körperhaltung, Blick etc. nicht eingesetzt werden können. Diese müssen hier durch einen anderen Code ausgedrückt werden. Dadurch können in der virtuellen Welt unbewusste Körpersprache (z. B. Schwitzen und Rotwerden) sowie soziale Merkmale wie Alter, Status etc. nicht direkt vermittelt werden. Das ermöglicht beispielsweise anonymes Handeln im Internet und das Annehmen

---

[15] Dazu gehört nicht die Beschäftigung mit PC-Spielen oder mit „intelligenter" Software (z.B. Simulationsspiele), da es sich dabei um eine Mensch-Maschine-Kommunikation handelt.

einer anderen Identität. Das zweite Merkmal ist die *Textualität*. Computervermittelte Kommunikation findet hauptsächlich in schriftlicher Form statt. Weil dadurch ebenfalls keine nonverbalen Zeichen vermittelt werden können, wurden so genannte „Emoticons" (Smileys) entwickelt, um Gefühle und Gesichtsausdrücke wie Lächeln, Freuen, Traurig sein etc., äußern zu können. Als drittes Merkmal nennt Misoch die *Entzeitlichung bzw. Enträumlichung*. Die Kommunikationsteilnehmer können bei der computervermittelten Kommunikation miteinander kommunizieren, auch wenn sie sich an verschiedenen geografischen Orten befinden; bei asynchroner Kommunikation ist dies zusätzlich zu verschiedenen Zeitpunkten möglich. Aufgrund der Zeit- und Ortsunabhängigkeit müssen die Kommunikationsteilnehmer physisch nicht anwesend sein und über keinen gemeinsamen Kontext oder Handlungshintergrund verfügen. Dies beschreibt das vierte Merkmal, die *Entkontextualisierung*. Das letzte Merkmal, *Digitalisierung*, zeigt schließlich, dass die gesamte Kommunikation im Internet auf digitalen Prozessen basiert, was bedeutet, dass bei der computervermittelten Kommunikation alle Informationen dokumentiert und gespeichert werden können. Im Unterschied zu mündlichen Äußerungen bleiben digitalisierte Einträge somit dauerhaft erhalten.

3.1.3 Theorien und Modelle

Theorien und Modelle der computervermittelten Kommunikation gehen auf die möglichen Auswirkungen dieser Kommunikationsform ein. Die oben beschriebenen Veränderungen werden unter anderem durch das Merkmal der Digitalisierung ermöglicht. Dessen Bedeutung stellt das *Digitalisierungsmodell* heraus: Informationen können kostengünstig, schnell und unabhängig von der räumlichen Distanz an verschiedene Teilnehmerkreise verbreitet werden (vgl. Döring 2003, 157).

Basierend auf dem Merkmal der Entköperlichung geht das *Kanalreduktions-Modell* davon aus, dass eine Verarmung der Kommunikation auf psychosozialer Ebene eintritt: Computervermittelte Kommunikation sei defizitär und unpersönlich (vgl. Winterhoff-Spurk & Vitouch 1989, 251). Vertreter dieser Theorie (z. B. Mettler-Meibom 1994; Volpert 1985) befürchten, dass das typisch Menschliche (Emotionalität, Unkalkulierbarkeit etc.) zu Gunsten von Ökonomie, Kommerz, Kontrollierbarkeit und Manipulierbarkeit verloren geht. Neben der Kritik an diesem Modell (vgl. Döring 2003, 153) kann man jedoch feststellen, dass auf diese Gefahren auch im Internet verwiesen wird.

So genannte „Netiquetten"[16] gehen beispielsweise darauf ein, dass man als Nutzer die Menschen hinter den Texten nicht vergessen sollte (vgl. z. B. Dönderici 2008).

Filtermodelle (vgl. Culnan & Markus 1987; Kiesler, Siegel & McGuire 1984; Rice 1984) beziehen sich auf die Grundidee des Kanalreduktions-Modells: Durch die Reduzierung der Kommunikationskanäle gehen Informationen verloren. Filtermodelle konzentrieren sich dabei auf soziale bzw. soziodemografische Merkmale (Alter, Aussehen, Status etc.), da diese nonverbal vermittelten Informationen bei der Face-to-Face-Kommunikation die Einschätzung der anderen Person entscheidend prägen. Weil dies bei der computervermittelten Kommunikation nicht möglich ist, werden soziale Hemmungen, Hürden, Privilegien und Kontrollen abgebaut. Dieser enthemmende Effekt kann sowohl positive als auch negative Auswirkungen haben. Offenheit, Ehrlichkeit, Freundlichkeit, Partizipation und Egalität können begünstigt werden, ebenso aber auch Feindlichkeit, normverletzendes und anti-soziales Verhalten wie beispielsweise Cyber-Mobbing oder das Verbreiten von Computerviren. Den Modellen zufolge liegt dies vor allem daran, dass sich Individuen als Teil einer anonymen Masse fühlen und daher nicht das Gefühl haben, sich persönlich für ihre Handlungen verantworten zu müssen (vgl. Döring 2003, 154-157).[17]

Diesen enthemmenden Effekt im Internet, bekannt unter dem Begriff „disinhibition", haben bereits mehrere Forscher untersucht. Sowohl positive Auswirkungen, beispielsweise ein höherer Grad an Selbstoffenbarung (vgl. Weisband & Kiesler 1996), als auch negative Effekte wie Flaming[18] konnten empirisch bestätigt werden (vgl. Barefoot 1982; Kiesler et al. 1984).[19] „Die relative Anonymität und körperliche Sicherheit in der virtuellen Umwelt können durch ihre enthemmende Wirkung aggressives und beleidigendes Verhal-

---

[16] Ein Kunstwort, das sich aus den Begriffen Netz und Etikette zusammensetzt und Verhaltensregeln für das Internet beschreibt.

[17] Es bleibt jedoch theoretisch und empirisch klärungsbedürftig, woran man erkennen kann, ob ein im Netz beobachteter Effekt wirklich netzspezifisch ist und durch Enthemmung hervorgebracht wird oder ob er nur durch das Internet Aufmerksamkeit erregt und von anderen Faktoren mitbedingt wird (vgl. Döring 2003, 153). Zusätzlich soll auf Modelle verwiesen werden, die ausschließlich positive Effekte voraussagen, beispielsweise das Modell der hyperpersonalen Kommunikation. Hier handelt es sich um einen Ansatz, der auf Walther (1995) beruht und postuliert, dass computervermittelte Kommunikation die Qualitäten der Face-to-Face-Kommunikation überschreitet, da sie herzlicher, sozialer und intimer verlaufe.

[18] Flaming bedeutet ursprünglich die ungehemmte Äußerung von Bemerkungen, die Beschimpfungen und feindselige Kommentare enthalten (vgl. Kiesler et al. 1984, 1129). Der Ausdruck hat sich in der angloamerikanischen Literatur als Begriff für negatives, anti-soziales Verhalten im Internet durchgesetzt.

[19] Smolensky, Carmody und Halcomb (1990) dagegen zeigten, dass Flaming mit der Persönlichkeitsstruktur zusammen hängt, dem Grad an Extroversion und dem Grad der Vertrautheit innerhalb der Gruppe.

ten fördern" (Reid-Steere 2003, 267). Viele Individuen verhalten sich im Internet somit enthemmter als in der realen Welt.[20] Turkle (1995) beispielsweise zeigte, dass Individuen im Internet vielfältige Möglichkeiten haben, verschiedene Identitäten und Verhaltensweisen auszuprobieren. Sie können sich in der virtuellen Welt den Grenzen der Gesellschaft entziehen, da Merkmale wie Distanzen, Klassenunterschiede, Geschlecht und Herkunft nicht offensichtlich sind. Somit kann das Internet „zu einem Sozialraum werden, in welchem die Individuen ohne ihre gesellschaftlichen Masken miteinander in Kontakt treten können" (Misoch 2006, 139). Diese sichern jedoch den Zusammenhalt von Individuen: Noelle-Neumann (2001) stellte in ihrem Konzept der öffentlichen Meinung fest, dass die gesellschaftliche Integration gerade durch die gegenseitige soziale Kontrolle und die daraus resultierende Isolationsfurcht des Einzelnen funktioniert. In der virtuellen Welt scheinen die Fesseln der sozialen Natur nun nicht mehr so stark zu sein, wie Noelle-Neumann sie für die reale Welt feststellt. Klein (2007, 132) konnte bestätigen, dass die Isolationsfurcht in der virtuellen Welt geringer ist, dies jedoch nicht auf die vermeintliche Anonymität im Internet zurückführen. Sie stellte daraufhin die These auf, dass das Öffentlichkeitsbewusstsein in der virtuellen Welt weniger präsent sei. Entsprechend den Filtermodellen, meinen die Nutzer, sich für ihr Verhalten nicht verantworten zu müssen. Daher sinkt der Einfluss der sozialen Kontrolle und der Einfluss der individuellen Natur des Menschen steigt (vgl. Fix 2001, 42).

Computervermittelte Kommunikation beeinflusst jedoch nicht nur direkt das Verhalten der Individuen. Dadurch, dass diese neuen Möglichkeiten der Kommunikation in den Alltag der Rezipienten rücken, entstehen Krotz (2001, 26-32) zufolge neue Kommunikationsgewohnheiten und Kommunikationsumgebungen. Solche Entwicklungen verändern wiederum die Formen menschlichen Zusammenlebens und somit auch die Kultur und Gesellschaft – nicht nur in der virtuellen Welt. Die Menschen gewöhnen sich an die Änderung fundamentaler Normen und Regeln und dadurch verändert sich auch ihr gesamtes darauf aufbauendes Sozialverhalten.[21]

---

[20] Joinson (2007, 76) hält fest, dass Erklärungen, die sich ausschließlich auf Aspekte des Mediums (z.B. Anonymität) und ihre mutmaßlichen psychologischen Auswirkungen beziehen, enthemmendes Verhalten im Internet nicht vollständig erklären können. Er begründet dies damit, dass Online-Verhalten nicht in einem Vakuum erscheint: Individuen haben immer die Möglichkeiten zwischen verschiedenen Medien zu wählen. Die Wahl des Internets steht möglicherweise in Zusammenhang mit den Erwartungen, dass die Attribute des Internets die eigenen Bedürfnisse befriedigen.

[21] Vgl. Weiß & Groebel (2002) für eine ausführliche Darstellung über mögliche Veränderungen für die Bereiche Identität und Selbstdarstellung und den potentiellen Wandel der sozialen Beziehungen.

3.2 Internet und Handy: Dienste und Anwendungen

In den vorherigen Kapiteln wurde gezeigt, welche Veränderungen bei der computervermittelten Kommunikation im Vergleich zur Face-to-Face-Kommunikation entstehen. Nun interessieren die konkreten Dienste und Anwendungen, welche die Nutzer dabei verwenden können. Dabei wird zwischen asynchroner und synchroner Kommunikation unterschieden. Zu der asynchronen Kommunikation gehören E-Mail (Electronic Mail), Mailingliste, Newsgroup, Newsboard und Webseiten. Per E-Mail können Nachrichten oder Dateien zeitversetzt versendet werden. Es besteht auch die Möglichkeit, eine E-Mail an mehrere Personen zu versenden. Um diese Kommunikation zu institutionalisieren, kann man Mailinglisten (E-Mail-Verteiler) einrichten. Dabei sind alle in der Liste eingeschriebenen Personen über eine einzige Sammeladresse erreichbar. Bei Newsgroups werden im Gegensatz zu Mailinglisten die Nachrichten nicht an die Mitglieder der Liste versendet, sondern sie stehen auf einem öffentlich zugänglichen Server zum Abruf zur Verfügung. Newsboards sind asynchrone Online-Foren, die auf Webseiten in direktem Zusammenhang zu dem dortigen Content bzw. zu der Person oder Organisation stehen, die die Webseite betreibt. Eine Webseite ist ein elektronisches Dokument, auf welchem Texte, Grafiken, Fotos, Animationen, Audio- und Videosequenzen präsentiert werden können. Über Verweise (Links) sind sie mit anderen Dokumenten verknüpft. Weblogs sind eine Mischung aus Webseiten und Diskussionsforen. Es handelt sich dabei um ein interaktives Online-Tagebuch. Bei Videoblogs (*auch:* Vblogs) werden an Stelle von Texteinträgen Videos eingestellt. Social Communities sind virtuelle Netzwerke, in denen die Nutzer sich mit einem persönliches Profil präsentieren und beispielsweise mit anderen Nutzern in Kontakt treten können (vgl. Döring 2003, 49-80).

Zu der synchronen computervermittelten Kommunikation gehören Internet-Telefonie, Instant Messaging (IM), Chats und Online-Spiele. Ist auf dem Computer eine Internet-Telefonie-Software (z. B. Skype) installiert, so ist es möglich, über das Internet zu telefonieren. Beim Instant Messaging können Textbotschaften und Dokumente direkt ausgetauscht werden. Dazu muss man sich bei einem IM-System anmelden (z. B. ICQ, MSN) und kann Freunde und Bekannte in seine Kontaktliste aufnehmen. Um an einem Chat teilzunehmen, bei dem die Nachrichten auch unmittelbar auf dem Monitor des Kommunikationspartners erscheinen, ruft man die jeweilige URL auf (vgl. Döring 2003, 80-110).

Die relevanten Funktionen bei der Handykommunikation sind das Telefonieren, das Versenden von SMS (Short Message System)[22] und MMS (Multi-
media Messaging Service) sowie das Aufnehmen von Videos und Bildern per
Handykamera.

3.3 Internet- und Handynutzung von Jugendlichen

Für die meisten Jugendlichen in Deutschland gehören die oben genannten In-
ternet- und Handyanwendungen zu ihrer selbstverständlichen Alltagskommunikation. 97 Prozent der deutschen Haushalte, in denen die Jugendlichen leben, verfügen 2008 über einen Computer oder einen Laptop, zwei Drittel der
Jugendlichen besitzen einen eigenen PC. Fast alle Haushalte verfügen über
einen Internetzugang (96 Prozent), knapp die Hälfte der Jugendlichen hat die
Möglichkeit, im eigenen Zimmer ins Internet zu gehen.

84 Prozent der jugendlichen Internetnutzer sind mehrmals pro Woche online. Diese Zahl ist in den letzten Jahren deutlich angestiegen. 2004 waren es
erst 58 Prozent, 2005 schon 70 Prozent. Nach eigener Einschätzung verbringen sie an einem durchschnittlichen Werktag 120 Minuten im Internet. Hier
zeigt sich ein Unterschied zwischen den Geschlechtern: Während Jungen 127
Minuten online sind, verbringen Mädchen 113 Minuten im Internet. Die Jugendlichen verwenden das Internet hauptsächlich als Kommunikationsmedium, z. B. für IM (73 Prozent) oder Online-Communities (57 Prozent). 29
Prozent chatten regelmäßig im Internet und zehn Prozent stellen selbst Filme
oder Videos online. Allein im Vergleich zu 2006 stieg die Nutzung von IM um
14 Prozentpunkte. Fast alle Anwendungen werden von Jungen intensiver genutzt als von Mädchen (vgl. MPFS 2008, 46-51).

84 Prozent der jugendlichen Internetnutzer beteiligt sich aktiv im Internet
und produziert mindestens mehrmals pro Woche eigene Inhalte, z. B. durch
das Einstellen von Bildern und Videos oder durch das Verfassen von Beiträgen in Weblogs oder Newsgroups. So hat beispielsweise jeder Zehnte schon
einmal ein Video bei YouTube online gestellt, 15 Prozent betreiben eine eigene Homepage. Besonders aktiv bei den Web 2.0-Anwendungen sind die 14-
bis 17-Jährigen (vgl. ebd., 50). Dies gilt vor allem für die Social Communities.
Am beliebtesten ist unter Jugendlichen das Portal SchülerVerzeichnis (SchülerVZ) mit 2,9 Millionen Nutzern, was knapp einem Drittel aller deutschen
Schüler entspricht (vgl. Internet World Business 2008).

---

[22] Auch über das Internet gibt es die Möglichkeit, eine SMS an ein Handy zu schicken. Über diesen
Weg ist das Versenden auch anonym möglich.

Der Großteil (70 Prozent) der Jugendlichen betrachtet das Internet als festen Bestandteil des Alltags. In der JIM-Studie 2007 wurden die Jugendlichen nach weiteren Einschätzungen zum Internet befragt. Knapp die Hälfte (47 Prozent) ist sich sehr sicher, dass sie wissen, was im Internet alles erlaubt ist und was nicht. Über 20 Prozent jedoch verfügen über keine genauen Vorstellungen. Außerdem sind sieben Prozent voll und ganz sowie 19 Prozent weitgehend davon überzeugt, dass die im Internet vorzufindenden Inhalte vorher auf ihre Richtigkeit überprüft wurden. Damit hat das Internet für ein Viertel der jugendlichen Internetnutzer eine extrem hohe Glaubwürdigkeit (vgl. MPFS 2007, 46-48). Das Internet und seine Anwendungen gehören somit für viele Jugendliche zum selbstverständlichen Alltag. Für sie ist „das Internet kein von ihrer Lebenswelt getrennter *virtueller* Raum, vielmehr fungiert es als integraler Bestandteil ihrer alltäglichen Lebenswelt, in dem sie kommunizieren, spielen, sich selbst darstellen [und] Informationen suchen" (Grimm & Rhein 2007, 35).

Das Handy ist unter Jugendlichen sogar noch verbreiteter als das Internet. 95 Prozent der 14- bis 19-Jährigen verfügen über ein eigenes Handy. Dabei wird die Ausstattung des Handys immer aufwendiger. 2008 besaßen 89 Prozent eine Handy-Kamera, 79 Prozent können mit ihrem Handy ins Internet gehen. Knapp jeder Vierte (78 Prozent) kann per Bluetooth Daten übertragen. Die Jugendlichen nutzen das Handy für verschiedene Funktionen: etwa 88 Prozent bekommen oder versenden mehrmals pro Woche SMS, knapp zwei Drittel telefonieren mehrmals pro Woche mit dem Handy, 40 Prozent der Jugendlichen nehmen regelmäßig Fotos oder Filme auf (vgl. MPFS 2008, 59-63). Von so genannten Happy Slapping Videos haben bereits 72 Prozent der Jugendlichen gehört (vgl. Grimm & Rhein 2007, 40).

3.4 Medienkompetenz

Diese Befunde zeigen, dass die Neuen Medien im Alltag von Jugendlichen zu einem ständigen Begleiter geworden sind. Ihnen wird daher bei der Identitätsbildung und im Prozess der Sozialisation von Jugendlichen eine immer größere Bedeutung zugeschrieben. Nicht nur soziale Erfahrungen, sondern auch Erfahrungen mit den Medien sind folglich für ihre Entwicklung relevant. So können die Medien, zusätzlich zu den traditionellen Instanzen Elternhaus, Schule und Peergroup, als eigenständige Sozialisationsinstanz aufgefasst werden.[23] Um dieser Anforderung gerecht zu werden, müssen die Jugendlichen

---

[23] Empirische Belege finden sich z. B. bei Scherer und Wirth (2002), die unter anderem zeigen, dass Jugendliche Chaträume zum Experimentieren mit Identitäten und Rollenmustern nutzen.

spezielle soziale Kompetenzen ausbilden, zu denen auch die Medienkompetenz gehört (vgl. Mikos 2004, 157f.).

Das Konzept der Medienkompetenz wurde entscheidend durch die Arbeit
von Baacke (1997) geprägt. In Anlehnung daran wird in dieser Arbeit Medienkompetenz verstanden als „eine individuelle Fähigkeit des Umgangs mit
Medien, die eigenaktiv im Altersverlauf ausgebildet wird, gleichzeitig aber
auch in Abhängigkeiten zu sozialisatorischen Faktoren der Umwelt und zu
spezifischen (pädagogischen) Förderungen und Forderungen steht" (Treumann, Meister, Sander, Hagedorn & Kämmerer 2007, 33).

Baacke beschreibt Medienkompetenz, die in eine soziale Kompetenz eingebettet ist, anhand von vier Dimensionen: Medienkritik, Medienkunde, Mediennutzung und Mediengestaltung. Bei der *Medienkritik* geht es darum, analy-
tisch problematische gesellschaftliche Prozesse angemessen zu begreifen und
die Fähigkeit zu besitzen, das analytische Wissen reflexiv auf sich selbst und
sein Handeln anwenden zu können. Dies muss unter ethischen, sozialverant-
wortlichen Gesichtspunkten erfolgen. *Medienkunde* bezeichnet das Wissen über
die heutigen Medien und Mediensysteme. Hier geht es um klassische Wissensbestände (z. B. was ist ein duales Rundfunksystem?) und die Fähigkeit, die
Mediengeräte technisch zu bedienen. Bei der Mediennutzung und Mediengestaltung steht das Handeln der Individuen im Vordergrund. *Mediennutzung* muss
sowohl rezeptiv, d. h. durch Anwendungen, als auch interaktiv erlernt werden.
Zur *Mediengestaltung* gehören die innovativen Veränderungen und Entwicklungen des Mediensystems und die kreativen Versionen, die die Grenzen der alltäglichen Kommunikationsroutinen überschreiten (vgl. Baacke 1997, 96-99).
Medienkompetenz ist somit „mit alltäglicher personaler Kommunikation eng
verzahnt und entsprechend wirkt sie in einem vielfältigen Wechselspiel mit
dieser auf individuelle wie gesellschaftliche Sozialisationsprozesse ein" (Theunert 1999, 51). Mikos (2004, 165-168) zufolge ist der Begriff Medienkompetenz trotzdem noch zu eng auf die Medien bezogen. Medienwissen sei Teil
des allgemeinen Handlungswissens, das nicht nur in Situationen von Bedeutung ist, in denen Medien direkt eine Rolle spielen. Medien sind heutzutage
für alle kommunikativen Bereiche relevant. Seiner Ansicht nach muss es bei
Medienkompetenz auch um kulturelle und soziale Kompetenzen gehen, da
nicht nur die Beziehungen untereinander geregelt werden, sondern auch das
Verhältnis zur Gesellschaft.

Es bleibt auch noch unklar, wer oder was die Instanzen sind, die den Jugendlichen das notwendige Medienwissen beibringen sollen, damit diese me-
dienhandlungsfähig werden können. Denn traditionell wurde das jeweils notwendige gesellschaftliche Kompetenz-Wissen von Generation zu Generation
weitergegeben. Schule und Eltern übertrugen das Wissen und die Handlungs-

kompetenzen an die Jüngeren. Treumann et al. (2007, 30) vertreten die These, dass sich dieser Prozess in der heutigen Mediengesellschaft strukturell aufgelöst hat. Denn oft erlernen die Jugendlichen den Umgang mit den Neuen Medien *vor* ihren Eltern. Medienwissen und andere Elemente der Medienkompetenz werden nicht mehr nur von den traditionellen Sozialisationsinstanzen übermittelt, sondern unter jugendlichen Peergoups kultiviert und transformiert. Dies trifft besonders für die Neuen Medien zu.

3.5 Das Internet – ein rechtsfreier Raum?

Während zu Beginn des Internetzeitalters viele glaubten die Selbstregulierungskraft reiche im Internet aus (vgl. z.b. Barlow 1996), setzt die Europäische Union heute darauf das Internet zu einem Ort der Rechtssicherheit zu machen. Ein eigenes Internetgesetz gibt es bisher jedoch nicht. Trotzdem ist das Internet kein rechtsfreier Raum, denn es gelten die gleichen Gesetze wie in der realen Welt. Rechtliche Rahmenbedingungen speziell für die Telemedien findet man im Telemediengesetz (TMG). Für das Thema Cyber-Mobbing sind die in Tabelle 1 dargestellten Rechtsgebiete relevant.

Tab. 1: Relevante Rechtsgebiete für Cyber-Mobbing

Rechtsgebiet	Behandelt z. B.	Gesetzbuch
Urheberrecht	Schutz des Urhebers	UrhG/ KunstUrhG
Strafrecht	Beleidigungen	StGB
Datenschutzrecht	Persönliche Daten	TMG
Medienrecht, Jugendmedienschutzstaatsvertrag TMG/ JMStV	Schutz von Kindern und Jugendlichen	TMG, JMStV
Telekommunikationsrecht	Teledienste	TMG[24]

Quelle: eigene Darstellung nach Volkmer & Singer 2007, 284f.

Aus dem Strafgesetzbuch sind vor allem die §§ 185 bis 187 (StGB) für Beleidigung, üble Nachrede und Verleumdung von Bedeutung sowie § 131 Gewaltdarstellungen und § 238 Nachstellen. Das Kunsturhebergesetz

---

[24] Das aktuelle Bundesrecht im Internet wird auf der Webseite des Bundesministeriums der Justiz (2008) zur Verfügung gestellt.

(KunstUrhG) regelt das Recht am eigenen Bild (§§ 22 und 23).[25] Das Urheberrechtsgesetz (UrhG) befasst sich mit dem Veröffentlichungsrecht, der Anerkennung von Urheberschaft und der Entstellung eines Werkes (§§ 12 bis 14). Für Betreiber einer Homepage beispielsweise gelten die Impressumspflicht, die Haftung für Inhalte und Links, das Urheberrecht, das Jugendschutzgesetz, das Strafrecht, das Zivilrecht und das Domainrecht. 2007 haben sich Bund und Länder auf eine Neuregelung geeinigt: Redaktionell gestaltete Inhalte im Internet werden im neuen Staatsvertrag für Rundfunk- und Mediendienste ausschließlich von den Ländern geregelt: Diensteanbieter, z. B. Forenbetreiber, sind für eigene Inhalte selbst verantwortlich, müssen diese aber nicht überwachen (§ 7 Abs.1 und 2 TMG). Erst bei Hinweis über die Rechtswidrigkeit des Inhalts sind sie verpflichtet, diese unverzüglich zu sperren oder zu löschen. Wird man also in einem Forum, Chat, auf einem Blog oder einer Webseite beleidigt, so kann der Betreiber der Anwendung, auch wenn die Inhalte nicht von ihm verfasst sind, belangt werden und muss bei Hinweis die Inhalte löschen. Problematisch ist hierbei, dass Betroffene erst Strafanzeige erstatten müssen, um die Löschung oder die Herausgabe der Daten bei Dienstanbietern wie z. B. YouTube zu erreichen. Der zunehmenden Bedeutung von Plattformen mit User Generated Content, der keiner redaktionellen Kontrolle unterzogen ist, und den damit verbundenen Problemen, wie z. B. Cyber-Mobbing, wurde vom Gesetzgeber bisher nicht ausreichend Rechnung getragen. Da aber Internetverbindungen sowie E-Mails seit der im Januar 2008 in Kraft getretenen, umstrittenen Vorratsdatenspeicherung für sechs Monate gespeichert werden, kann bei Straftatbestand beispielsweise die IP-Adresse des Täters ermittelt werden. Das Problem dabei ist, die rechte Balance zwischen Datenschutz, freier Meinungsäußerung und Persönlichkeitsrechten zu finden. Wie kompliziert die Rechtslage im Internet ist, machen auch aktuelle Beschlüsse deutlich. Würde der Lehrer, der in dem Forum Pafnet.de von Schülern beleidigt wurde, vor Gericht ziehen, hinge das Urteil von dem jeweiligen Oberlandesgericht (OLG) ab. So würden beispielsweise die Richter in Hamburg oder Düsseldorf nach bisheriger Rechtssprechung den Betreiber zwingen, den Beitrag zu löschen und ihm darüber hinaus verbieten, diffamierende Texte in Zukunft zu verbreiten. In Berlin würde der Forumbetreiber lediglich zur Löschung der Inhalte verpflichtet werden ohne in Zukunft einen anonymen Täter daran zu hindern, den gleichen Beitrag im selben Forum erneut zu schreiben (vgl. Volkmer & Singer 2007, 54-57). Besonders

---

[25] Die Gesetze gelten nicht ausnahmslos. So lässt beispielsweise § 23 Abs. 1 KunstUrhG die Verbreitung zu von "2. Bilder(n), auf denen die Personen nur als Beiwerk neben einer Landschaft oder sonstigen Örtlichkeit erscheinen; 3. Bilder von Versammlungen, Aufzügen und ähnlichen Vorgängen, an denen die dargestellten Personen teilgenommen haben... .".

beim Thema Cyber-Mobbing ergeben sich Schwierigkeiten, da die persönliche Einschätzung, ob man gemobbt wird, ihrer Natur nach sehr subjektiv ist. Eine gesetzliche festgelegte Definition für Cyber-Mobbing existiert bisher nicht. Die Problematik wird beispielsweise bei einer Lehrerin deutlich, die sich auf der Lehrerbewertungs-Plattform „Spickmich" aufgrund ihrer Note und der Veröffentlichung ihres Namens und ihrer Schulfächer in ihren Persönlichkeitsrechten eingeschränkt fühlt. Das OLG Köln (2007) entschied gegen die Klage der Lehrerin. Die Bewertungskriterien des Schülerportals entsprechen Werturteilen, so dass das Forum unter den Schutzbereich des Grundrechts auf Meinungsfreiheit gemäß Artikel 5 Abs. 1 des Grundgesetzes falle.

Problematisch ist weiterhin, dass im Internet nationales Recht gilt, obwohl keine nationalen Schranken bestehen. Durch ein 2007 in Kraft getretenes Gesetz in Südkorea, das gegen Cyber-Mobbing vorgehen möchte, müssen Internetnutzer bei der Registrierung in Foren, Chats und ähnlichen Diensten ihre Sozialversicherungsnummer und ihren richtigen Namen angeben. Ein Provider muss seinen Server jedoch nur in einem anderen Land anmelden, um das Gesetz zu umgehen (vgl. Sydney Morning Herald Online 2007).

3.6 Zusammenfassung

Findet interpersonale Kommunikation über das Internet statt, so spricht man von computervermittelter Kommunikation. Diese unterscheidet sich von der interpersonalen Kommunikation dadurch, dass keine nonverbalen Zeichen übermittelt werden können und sie hauptsächlich in schriftlicher Form erfolgt. Außerdem können sich die Kommunikationsteilnehmer an unterschiedlichen Orten aufhalten sowie zu verschiedenen Zeitpunkten kommunizieren. Ein weiterer Unterschied liegt darin, dass die Kommunikation digitalisiert ist. Bei der computervermittelten Kommunikation verändert sich außerdem die Rolle des Rezipienten, der nun selbst Medieninhalte verfassen kann. Diese Veränderungen werden in mehreren Modellen der computervermittelten Kommunikation dargestellt, die positive aber auch negative Effekte postulieren. So gehen das Kanalreduktionsmodell und Filtermodelle davon aus, dass das typisch Menschliche bei der Kommunikation im Internet verloren geht bzw. enthemmtes Verhalten gefördert wird.

Auch im Internet müssen sich die Nutzer an die Gesetze der realen Welt sowie das Telemediengesetz halten, wobei sich noch keine einheitliche Rechtsprechung durchgesetzt hat. Schwierig ist vor allem das Persönlichkeitsrecht mit dem Recht auf freie Meinungsäußerung zu vereinbaren sowie nationales Recht durchzusetzen, obwohl es im Internet keine nationalen Schranken gibt.

Bei Jugendlichen ist diese Form der Kommunikation sehr verbreitet. Vier von fünf nutzen mehrmals pro Woche das Internet, an einem durchschnittlichen Tag sind sie knapp zwei Stunden online. Dabei produziert ein Viertel regelmäßig eigene Inhalte. Beispielsweise hat jeder zehnte Jugendliche schon einmal ein Video bei Youtube eingestellt. Für die Begriffsbestimmung von Medienkompetenz wurde auf das Konzept von Baacke zurückgegriffen, welches Medienkompetenz anhand der Dimensionen Medienkritik, Medienkunde, Mediennutzung und Mediengestaltung beschreibt.

4. Cyber-Mobbing

In diesem Kapitel soll ein Überblick über den aktuellen Forschungstand zu Cyber-Mobbing gegeben werden. Cyber-Mobbing ist zwar in Deutschland erst 2007 in das öffentliche Bewusstsein gerückt, in der angloamerikanischen Forschung wird das Phänomen aber bereits seit 1999 untersucht. Etwa ein Dutzend quantitative Studien sind – vor allem in den letzten Jahren – aus diesem Zeitraum hervorgegangen. Bei den umfassendsten Studien handelt es sich um die Youth Internet Safety Survey (YISS) 1 und 2, zwei repräsentative Telefonbefragungen von 1500 Jugendlichen zwischen 10 und 17 Jahren, die 1999 und 2005 durchgeführt wurden (vgl. Wolak, Mitchell & Finkelhor 2007; Ybarra 2004; Ybarra, Diener-West & Leaf 2007a; Ybarra, Mitchell, Finkelhor & Wolak 2007b; Ybarra, Mitchell, Wolak & Finkelhor 2006). Die Organisation FightCrime gab 2006 ebenfalls eine Telefonbefragung in Auftrag, bei der 512 Jugendliche (zwölf bis 17 Jahre) befragt wurden (vgl. Opinion Research Corporation 2006). Die Ergebnisse einer schriftlichen, nicht repräsentativen Befragung von 3767 Jugendlichen der sechsten bis achten Klasse des amerikanischen Schulsystems von Kowalski, Limber und Agatston (2008) werden ebenso referiert. Williams und Guerra (2007) greifen auf eine computergestützte Befragung in Schulen zurück, an der über 1500 Jugendliche der fünften, achten und elften Klassen teilnahmen.[26] Auch die Ergebnisse einer Telefonbefragung des PEW Internet & American Life Project von 935 Zwölf- bis 17-Jährigen werden vorgestellt. Hinduja und Patchin (2005; 2007; 2008) führten zwei Onlinebefragungen durch, an der 384 bzw. 1378 Jugendliche im Alter zwischen neun und 18 Jahren teilnahmen. In einer weiteren Onlinebefragung mit über 3000 Acht- bis 17-Jährigen konzentrierten sie sich auf Cyber-Mobbing unter Mädchen (vgl. Burgess-Proctor, Hinduja & Patchin im Druck). Das National Crime Prevention Council ließ 2006 eine Onlinebefragung durchführen, an der 824 13- bis 17-Jährige teilnahmen (vgl. Moessner 2007). Li (2006) führte eine schriftliche Befragung von 264 kanadischen Schülern der Klassen 7 bis 9 durch. In England befragte die Organisation National Children's Home (2005) 770 Jugendliche zu dem Thema Handy-Mobbing. Ebenfalls in England befragten Smith, Mahdavi, Carvalho und Tippett (2006) 533 elf- bis 16-jährige Schüler. Darüber hinaus untersuchten Slonje und Smith (2008) Cyber-Mobbing unter 360 zwölf- bis 20-jährigen Jugendlichen in Schweden.

---

[26] Die Ergebnisse beziehen sich auf ein repräsentatives Sample der Jugendlichen, die an beiden Befragungen teilnahmen (vgl. Williams & Guerra 2007, 16).

Qualitativ untersucht wurde Cyber-Mobbing bisher in drei Studien: im Rahmen einer Gruppendiskussion in den USA mit insgesamt 150 zwölf- bis 17-jährigen Schülern (vgl. Agatston et al. 2007), einer weiteren Gruppendiskussion mit knapp 100 Schülern in England (vgl. Smith et al. 2006) sowie neun Gruppendiskussionen mit insgesamt 43 Jugendlichen in Deutschland (vgl. Grimm et al. 2008).

Zwei quantitative Studien über Cyber-Mobbing wurden bisher in Deutschland veröffentlicht. Das Zentrum für empirische pädagogische Forschung der Universität Landau untersuchte in einer nicht repräsentativen Onlinebefragung sowohl traditionelles als auch Cyber-Mobbing. Daran nahmen knapp 2000 Kinder und Jugendliche zwischen sechs und 19 Jahren teil.[27] Eine Studie des sozialpsychologischen Instituts der Universität Köln konzentrierte sich auf Cyber-Mobbing in Internetchats im Rahmen einer schriftlichen Befragung von 1700 Schülern der fünften bis elften Klassen weiterführender Schulen.

Aber auch innerhalb weiterer Jugendstudien wurde Cyber-Mobbing im Jahr 2008 erstmals berücksichtigt. So fragen sowohl die JIM-Studie (vgl. MPFS 2008) als auch eine Befragung zur Internetnutzung Jugendlicher von Grimm et al. (2008) das Thema Cyber-Mobbing ab.

Die wichtigsten Ergebnisse dieser Studien werden nun vorgestellt. Dabei gilt es zu beachten, dass der Großteil der Studien nicht repräsentativ ist und die Ergebnisse daher nicht verallgemeinerbar sind. Zunächst soll dabei auf die von den Forschern vorgeschlagenen Definitionen des Phänomens und die identifizierten Merkmale von Cyber-Mobbing, welche vor allem die Veränderungen gegenüber traditionellem Mobbing darstellen, eingegangen werden. Dann zeige ich anhand einer Internetrecherche von Mobbingfällen auf, über welche Kanäle Cyber-Mobbing möglich ist. Die Methoden, die die Täter verwenden, ein Überblick über die Anzahl der Täter und Opfer sowie deren Persönlichkeitsmerkmale folgen im Anschluss. Das Kapitel endet mit einer Darstellung der möglichen Ursachen für das Phänomen.

4.1 Definition

Bisher konnte man sich noch auf keine allgemein gültige Definition von Cyber-Mobbing einigen. Der Großteil der Autoren überträgt die Definition von traditionellem Mobbing auf Cyber-Mobbing, indem sie die Medien Internet und Handy hinzufügen. Beispielsweise Kowalski und Limber, die Cyber-Mobbing als „bullying through e-mail, instant messaging, in a chat room, on a

---

[27] Etwa vier Prozent der Befragten sind älter als 19 (vgl. Jäger et al. 2007, 7).

website, or through a text message sent to a cell phone" definieren (Kowalski
& Limber 2007, 24). Der Namensgeber des Phänomens, Belsey (2008), versteht unter Cyber-Mobbing „the use of information and communication technologies such as e-mail, cell phone and paper text message, instant messaging
(IM), defamatory personal Web sites, and defamatory online personal polling
websites, to support deliberate, repeated, and hostile behavior by an individual
or group, that is intended to harm others."[28] Smith et al. (2008, 376) beziehen
sich auf die Mobbing-Definition von Olweus und definieren Cyber-Mobbing
als "aggressive, intentional act carried out by a group or individual, using electronic forms of contact, repeatedly and over time against a victim who can not
easily defend him or herself."

In der deutschen Literatur wird Cyber-Mobbing als „Verletzung und Belästigung von Personen mittels Nutzung neuer Informations- und Kommuni-
kationsmedien wie E-Mails, Handy und verleumderischer bzw. beleidigender
Webseiten" (Ropertz 2006, 12) bezeichnet. Oder:

> „Bei Cyber-Mobbing geht es darum, dass neue Techniken, wie z. B. E-
> Mail, Chats, Instant Messaging Systeme (wie z. B. ICQ oder MSN) oder
> auch Handys eingesetzt werden, um immer wieder und mit voller Absicht
> andere zu verletzen, sie zu bedrohen, sie zu beleidigen, Gerüchte über sie
> zu verbreiten oder ihnen Angst zu machen" (Jäger et al. 2007, 8).

Katzer und Fetchenhauer schreiben, dass sich als Bezeichnung für virtuelle
Aggressionen der Begriff Cyberbullying etabliert hat (vgl. Katzer & Fetchenhauer 2007, 127).

Der Frage, ob die Definition von traditionellem Mobbing überhaupt auf
Cyber-Mobbing übertragen werden kann oder ob sich Cyber-Mobbing gerade
durch andere Aspekte auszeichnet, wird kaum Rechnung getragen. Muss der
Täter bei Cyber-Mobbing kräftemäßig ebenso überlegen sein bzw. muss Cyber-Mobbing über einen längeren Zeitraum stattfinden? Um dieses Problem
zu umgehen unterscheiden einige angloamerikanische Forscher zwischen
„Online Harassment" und Cyber-Mobbing (vgl. Wolak et al. 2007; Ybarra
2004). Sie sprechen erst von Cyber-Mobbing, wenn bei Aggressionen im Internet die Merkmale von traditionellem Mobbing hinzukommen. Andere (z.
B. Slonje & Smith 2008; Willard 2007) sind jedoch der Ansicht, dass sich Cyber-Mobbing gerade dadurch auszeichnet, dass nicht alle diese Merkmale zutreffen müssen. Dies gilt besonders für das Ungleichgewicht der Kräfte zwischen Opfer und Täter. Denn „reports of cyberbullying reveal an aspect that
is at odds with the generally accepted definition of bullying – that bullying oc-

---

[28] Für weitere Definitionen vgl. Lenhart 2007,1; Li 2005, 1777; Patchin & Hinduja 2006, 5.

curs when a more powerful person attacks a less powerful person. It appears that sometimes less powerful people or a group of people are using the internet to attack more powerful people or a group of people" (Willard 207, 28). Vor allem bei Mobbing von Lehrern durch Schüler wird deutlich, dass diese Ansicht zutreffen kann. Kowalski et al. (2008, 62) sprechen von einem Kräfteungleichgewicht, halten jedoch fest, dass es sich in der virtuellen Welt um eine andere Macht als in der realen Welt handelt. Sie liege in der Möglichkeit anonym zu handeln, eine andere Identität anzunehmen, die Möglichkeit zu haben über andere Gerüchte und Lügen zu verbreiten oder jemanden unabhängig von Zeit und Ort zu schikanieren. Hinduja und Patchin (2007, 91) vermuten eine Machtposition durch technische Fertigkeiten: „In cyberspace, though, computer proficiency alone may result in a power differential."

Weiterhin ist noch unklar, ab welcher Zeitspanne von Cyber-Mobbing gesprochen werden kann. Es ist noch zu klären, ob die Aggressionen überhaupt mehrmals stattfinden müssen, damit man von Mobbing spricht. Eine einzelne Aussage kann an Hunderte oder Tausende weitergeleitet werden und von ihnen täglich erneut betrachtet werden. Es handelt sich zwar nur um einen einzelnen Fall, aber das Opfer fühlt sich möglicherweise von mehreren Personen und über einen längeren Zeitraum gemobbt (vgl. Kowalski et al. 2008, 62).

Bei dem Begriff Bullying ist weiterhin wichtig zu beachten, dass dieser sich im Englischen nur auf Kinder und Jugendliche bezieht: „Once adults become involved, it is plain and simple cyber-harassment or cyberstalking. Adult cyber-harassment or cyberstalking is NEVER called cyberbullying" (Aftab 2008b). Kowalski et al. (2008, 43f.) merken jedoch an, dass „Online Harassment" unter Erwachsenen auch eine Form von Cyber-Mobbing ist und verweisen auf Lehrer-Mobbing. Außerdem ergeben sich Überschneidungen zu der oben erwähnten Differenzierung zwischen „Online Harassment" und Cyber-Mobbing. Da der Begriff Mobbing im Deutschen nicht zwischen Jugendlichen und Erwachsenen unterscheidet, kann sich Cyber-Mobbing ebenso auf Erwachsene beziehen.

4.2 Merkmale

Mit der Begriffsbestimmung verbunden sind die Merkmale von Cyber-Mobbing. Auf ein wichtiges Merkmal weist bereits der Name hin: Cyber-Mobbing findet in der virtuellen Welt statt, über das Internet, aber auch über das Handy. Dadurch treten verschiedene Veränderungen gegenüber traditionellem Mobbing auf. Diese wurden jedoch bisher nicht systematisch dargestellt. Einzelne Merkmale werden in den Studien bzw. auf den angloamerikanischen Internetseiten über Cyber-Mobbing erwähnt: Während traditionelles Mobbing nur in einem begrenzten Rahmen und zu bestimmten Zeitpunkten möglich ist (z. B. Schulzeit, Heimweg) und das Opfer somit zu Hause einen Zufluchtsort hat, kann Cyber-Mobbing jederzeit und überall stattfinden. "There's no safe place anymore. You can be bullied 24/7...even in the privacy of your own bedroom" (Webster 2008). Es ist daher für das Opfer schwieriger, sich dem Mobbing zu entziehen (vgl. Keith & Martin 2005, 225).

Ein weiteres Merkmal ist, dass Opfer und Täter nicht im direkten Kontakt stehen. Willard (2007, 73) fasst dies mit dem Satz „I can't see you – you can't see me" zusammen. Dies hat Veränderungen für Täter und Opfer zur Folge. Die Täter sitzen hinter ihrem Computer und sie können unter verschiedenen Nicknames und Pseudonymen agieren (vgl. Hinduja & Patchin 2008, 134). So weiß das Opfer häufig nicht, von wem das Mobbing ausgeht. Es kann niemanden als Täter identifizieren und ihm daher im realen Leben auch nicht aus dem Weg gehen (falls es sich nicht um eine Online-Bekanntschaft handelt).

Auch für die Zuschauer verändert sich die Situation. Da sie in vielen Fällen nicht „anwesend" sind, haben sie bei Cyber-Mobbing geringere Möglichkeiten, in die Handlung einzugreifen und dem Opfer zu helfen. Zusätzlich vergrößert sich das potenzielle Publikum. Der Vorfall bleibt nicht in einem begrenzten Kreis (z. B. Schulklasse), sondern erreicht viel einfacher eine größere Zahl von Zuschauern (vgl. Slonje & Smith 2008, 148).

4.3 Kanäle

Bei den Kanälen von Cyber-Mobbing geht es um die möglichen Internet- und Handyanwendungen, über die Cyber-Mobbing stattfinden kann. Bisher gibt es darüber noch keine detaillierte Aufstellung. In aktuellen Studien werden unterschiedliche Kanäle aufgegriffen. Beispielsweise gliedern Smith et al. (2006, 2) Cyber-Mobbing in die folgenden sieben Kategorien: "Text message bullying; Picture/Video Clip bullying (via mobile phone cameras); Phone call bullying (via mobile phone); Email bullying; Chat-room bullying; Bullying through instant messaging und Bullying via websites" Kowalski und Limber (2007, 24) erwähnen in ihrer Definition die Anwendungen E-Mail, IM, Chat, Webseiten und SMS.

Empirische Studien kommen zu dem Ergebnis, dass Jugendliche andere am häufigsten über Instant Messenger, E-Mail, Chatrooms, Webseiten und schließlich Weblogs mobben (vgl. Jäger et al. 2007, 28[29]; Kowalski & Limber

---

[29] In dieser Studie standen „Anrufe auf das Handy" und „SMS" nicht als Antwortmöglichkeit zur Auswahl. Sie fallen somit unter „sonstige Medien".

2007, 26; Opinion Research Corporation 2006, 19; Wolak et al. 2007, 55). In Großbritannien scheint Handy-Mobbing eine größere Rolle zu spielen. Anrufe auf das Handy sind dort die häufigste Form, gefolgt von SMS und E-Mail (vgl. Smith et al. 2006, 16). Die Organisation National Children's Home (NCH) (2005, 3) kommt zu dem Ergebnis, dass 14 Prozent der Opfer per SMS, fünf Prozent in Chatrooms und vier Prozent per E-Mail gemobbt werden. Der Großteil der Opfer (60 Prozent), die den Täter persönlich kennen, werden über einen öffentlichen Weg gemobbt, d. h. für andere sichtbar, während bei den Jugendlichen, die von Online-Bekanntschaften oder anonym viktimisiert werden, der Täter über einen direkten Weg mit dem Opfer kommuniziert (82 Prozent) (vgl. Wolak et al. 2007, 52-54).

Die befragten Opfer empfinden Mobbing per Videos oder Fotos und über Telefonanrufe schlimmer als traditionelles Mobbing, über Webseiten und per SMS gleich schlimm, Mobbing per Chat, E-Mail und IM – d. h. private Kommunikation – schätzen sie weniger schlimm ein (vgl. Smith et al. 2008, 380).

Prinzipiell kann Cyber-Mobbing über *alle* in Kapitel 3.2 beschriebenen Internet- und Handyanwendungen stattfinden. Tabelle 2 stellt diese übersichtlich dar. Dabei schlage ich vor, nicht wie es bei computervermittelter Kommunikation üblicherweise der Fall ist zwischen synchronen und asynchronen Formen zu unterscheiden, sondern zwischen den drei Öffentlichkeitsgraden öffentlich, halb-öffentlich und nicht-öffentlich, also privat. Als öffentlich bezeichne ich alle Formen, die für jeden jederzeit zugänglich sind. Als halb-öffentlich gelten die Internetanwendungen, für die man eine Registrierung benötigt, um sich die Inhalte anzuschauen (z. B. Social Communities). Privat sind die Formen, bei denen ausschließlich die Person die Nachricht erhält, an die sie auch gerichtet ist. Hierbei muss jedoch beachtet werden, dass dies aufgrund der Digitalisierung der Inhalte nie vollständig garantiert ist. Eine SMS oder eine E-Mail, die an eine Person gerichtet ist, kann auch halb-öffentlich werden, indem sie an andere weitergeleitet wird bzw. öffentlich, wenn sie auf eine Homepage kopiert wird. Das bedeutet, dass von der privaten Form zu der öffentlichen Form die Grenzen überschritten werden können. Von Interesse sind in der Arbeit, wie bereits oben erwähnt, die öffentlichen und halb-öffentlichen Formen von Cyber-Mobbing.

Tab. 2: Kanäle von Cyber-Mobbing

Medium	Kanal	Öffentlichkeitsgrad		
		Öffent-lich	Halb-öffentlich	Privat
Internet	Video-/Fotoplattform	x		
	Homepage	x	x	
	Weblogs	x	x	
	Foren	x	x	
	Newsgroup		x	
	MUDs		x	x
	Social Community		x	x
	E-Mail		x	x
	Chat		x	x
	Online-Spiele		x	x
	Video-Konferenzen		x	x
	Internet-Telefonie			x
	Instant Messenger			x
Handy	SMS			x
	MMS			x
	Anruf			x
	Video		x	x

←——— Steigerung des Öffentlichkeitsgrades möglich

Quelle: eigene Darstellung

Mögliche Vorfälle über diese dargestellten Kanäle werden im Folgenden anhand von Beispielen vorgestellt. Dabei handelt es sich entweder um direkte Vorfälle und Medienberichte oder um Erfahrungsberichte von Opfern über den Mobbingfall.

Videoplattformen: Um sich an ihrem Lehrer zu rächen, nimmt eine Gruppe von Schülern das Bild ihres Lehrers und montiert es in ein animiertes Video einer Hinrichtung. In dem Video, das die Schüler bei Youtube online gestellt haben, ist nun zu sehen, wie der Lehrer auf einer Straße läuft, dann taucht ein Gewehr auf. Ein Schuss wird abgefeuert und trifft seinen Kopf. Der Kopf zerplatzt und rollt blutend auf die Straße (vgl. Eberspächer 2007).

Eine Schülerin produziert ein Video, in dem sie berichtet, dass sie ein großer Tokio-Hotel-Fan ist und stellt es bei Youtube online. Mehrere andere Nutzer machen sich in weiteren Videos über sie lustig, so genannte „Tokio Hotel Hasser" beleidigen sie. Schließlich bittet sie die anderen Nutzer aufzuhören und erklärt, dass sie kein Tokio-Hotel-Fan mehr sei. Bei Youtube sind heute knapp 500 diffamierende Videos eingestellt, die sich auf diese Schülerin beziehen und teilweise über eine Million Mal angeschaut wurden (vgl. Youtube 2007).

Homepage: Redakteure der Boulevardzeitung „B.Z." erstellen anonym eine so genannten „Hass-Page" über ihren Chefredakteur. Sie kritisieren seine Mitarbeiterführung, werfen ihm falsche Schlagzeilen vor und zeigen gefälschte Fotos (vgl. Focus 1998, 13).

Weblogs: Rachel, eine Überlende der Bombenattentate in London, eröffnet auf Bitten des BBC ein Weblog. Eine andere Person, die vermutlich eifersüchtig auf ihre Popularität ist, bedroht und beschimpft Rachel auf ihrem Blog. Außerdem eröffnet sie einen eigenen Blog, in dem sie Lügen über Rachel verbreitet (vgl. Spiegel 2007b, 57).

Foren: In einem lokalen Forum haben ca. 30 Schüler eines Gymnasiums mehrere Wochen lang ihre Lehrer beleidigt und beschimpft, bis schließlich der Tod eines Lehrers diskutiert wurde. Die Beiträge standen in einer nicht öffentlich zugänglichen Gruppe, in der jedoch knapp 400 Schüler des Gymnasiums Mitglied sind (vgl. Petry 2007).

Newsgroup: Für Personen, die „gerne" streiten, gibt es die Newsgroup „news:de.alt.flame".

Social Community: Nach einem Streit zwischen zwei Freundinnen möchte sich eine der beiden rächen und konstruiert bei MySpace die Fake-Identität „Josh". Sie nutzt ihr persönliches Wissen über ihre ehemalige Freundin und baut eine emotionale Beziehung zu ihr auf. Plötzlich will „Josh" nichts mehr mit dieser zu tun haben, beschimpft und beleidigt sie. Fremde MySpace-

Identitäten schließen sich den Aussagen an. Dies hat so starke Auswirkungen auf die Schülerin, dass sie sich entschließt sich umzubringen (vgl. Patalong 2007).

Chat: Eva hat in einem Chat jemanden kennen gelernt, mit dem sie sich über ihre private Homepage unterhält. Plötzlich beginnt dieser sie zu beleidigen und zu bedrohen. Außerdem teilt er anderen Nutzern vertrauliche Informationen mit, die sie ihm erzählt hat und verbreitet Lügen über sie (vgl. Internetvictims 2006a).

Instant Messenger: Ein Jugendlicher berichtet in einem Forum von seinen Erfahrungen. Er hat mit anderen im ICQ über heikle Themen diskutiert. Seine Aussagen wurden ausgedruckt und an Mitschüler verteilt. Daraufhin wurde er in der Schule monatelang aufgrund seiner Äußerungen verachtet (vgl. Klamm 2006).

E-Mails: Eine Schülerin, die sehr gut in der Schule ist, erhält plötzlich mehrmals am Tag „bescheuerte SMS" und „fiese E-Mails". Sie vermutet, dass Klassenkameraden dahinter stecken, kann es aber nicht beweisen. Es werden ihr falsche Dinge unterstellt und sie wird beleidigt. Da die Nachrichten nicht aufhören, sieht sie keine andere Möglichkeit als die Schule zu wechseln (vgl. Mellvil 2006).

Computerspiele: In dem Computerspiel „Shot the Teachers!" verwenden mehrere Schüler das Bild ihrer Physiklehrerin als Zielscheibe. Die Lehrerin wird von dem Schulleiter darauf aufmerksam gemacht. Zuerst stört sie sich nicht daran, doch als sie sieht, wie in dem Online-Spiel Blut über ihre Bluse spritzt, ist sie entsetzt. „Ich fühlte mich wirklich angeschossen", so die Lehrerin (vgl. Gupta 2007).

Handy: Die Kieler Nachrichten berichten von einer 16-jährigen Schülern, die außerhalb der Schule von einer Gruppe Jugendlicher zum Oralsex gezwungen wird. Ein 17-Jähriger filmt mit seinem Handy heimlich den Vorfall. Er zeigt das Video in der Schule seinen Mitschülern und versendet es an weitere Handys. Es dauert nicht lange, bis der Großteil der Schüler davon erfährt (vgl. Vogt 2007).

4.4 Methoden

Zusätzlich zu den Kanälen kann man Cyber-Mobbing auch durch die verschiedenen Methoden, die angewendet werden können, charakterisieren. In der angloamerikanische Literatur werden dabei zwei Arten von Cyber-Mobbing unterschieden: direktes, verbales Mobbing und indirektes, aggressives Mobbing.

Tab. 3: Inhaltliche Ausprägungen von Cyber-Mobbing

Direktes Cyber-Mobbing	Indirektes Cyber-Mobbing
Flaming	Verleumdung
Schikanierung	„Outing" und Betrug
Cyber-Stalking	Annehmen einer falschen Identität
	Ausgrenzung

Quelle: eigene Darstellung nach Willard 2007, 5-11

Flaming bedeutet, dass jemand gemeine, unhöfliche oder vulgäre Nachrichten an andere Personen sendet. Eine Reihe solcher Nachrichten nennt man in der angloamerikanischen Literatur „flame war". Diese Art findet meistens in öffentlichen Kommunikationsräumen statt, wie z. B. Chat Rooms, Online-Spielen etc. aber auch per E-Mail oder Instant Messenger. Sendet jemand ständig Nachrichten an die gleiche Person, so bezeichnet Willard das als *Schikanierung*. Meistens findet diese Art über direkte, nicht-öffentliche Wege statt (per SMS, E-Mail, Instant Messenger etc.). Schikanierungen unterscheiden sich dadurch von Flaming, dass sie einseitig stattfinden, d. h. es gibt einen Täter, der ein Opfer schikaniert. Die Kommunikation des Opfers zielt lediglich darauf ab, das Mobben zu beenden. Wenn die Schikanierungen die betroffene Person einschüchtern oder bedrohen, spricht man von *Cyber-Stalking*. Cyber-Stalker versuchen häufig, falsche Informationen über die Opfer zu verbreiten und ihre Freundschaften oder ihren Ruf zu zerstören, z. B. aus Rache. Die Grenze zwischen Schikanierung und Cyber-Stalking ist nicht eindeutig. Ein Indikator kann der Zeitpunkt sein, ab dem das Opfer sich um seine eigene Sicherheit fürchtet.

Werden verletzende, unwahre oder gemeine Nachrichten über eine Person an andere geschickt, handelt es sich um *Verleumdung*. Gerüchte oder Tratsch zu verbreiten gehört auch in diese Kategorie. Die Nachrichten werden entweder online veröffentlicht oder an andere gesendet. Das Opfer erhält die Nachrichten meistens nicht selbst. Ziel hierbei ist es, den Ruf einer Person zu schädigen. In diese Kategorie gehört auch das Manipulieren von Fotografien. Bei dem *Annehmen einer falschen Identität* gibt sich der Täter z. B. als Opfer aus. Meistens verfügt er über das Passwort des Opfers und sendet beispielsweise boshafte Nachrichten an andere und manipuliert so bestehende Freundschaften. Dies kann auf Homepages, Blogs oder durch jegliche Kommunikationsform stattfinden. Hat der Täter die Möglichkeit, sich als jemand anderes auszugeben, kann er ebenso jede andere Kategorie von Cyber-Mobbing durchführen. Auch das annehmen einer falschen Identität, beispielsweise ein „Fake-

Profil" im SchülerVZ, ist hier zuzuordnen. Bei *„Outing"* und *Betrug* werden Nachrichten über eine Person verbreitet, die sensible, private oder peinliche Informationen enthalten, z. B. private E-Mails oder Bilder sowie peinliche Informationen, die man vertraulich erhalten hat. Handlungen, die darauf abzielen Personen aus einer Online Gruppe *auszuschließen*, können bei Online Spielen, in Social Communities oder auch bei Instant-Messenger-Programmen vorkommen, indem man z. B. die Person nicht als Freund akzeptiert (vgl. Willard 2007, 5-11). Ein weiteres Phänomen, welches auch Cyber-Mobbing zugeordnet wird, ist *Happy Slapping* („fröhliches Draufschlagen"). Hier suchen sich Gruppen, meistens Jugendliche, willkürlich ein Opfer aus und schlagen auf dieses ein. Ein anderer filmt den Vorfall und stellt den Film ins Internet oder sendet ihn an andere Handys (vgl. Kowalski et al. 2008, 50f.). Hier wird bereits deutlich, dass Mobbing in der realen und virtuellen Welt in Zusammenhang stehen können.

Eine zusätzliche Unterteilung trifft Aftab (2008a), die als weitere Methode Cyber-Mobbing *„by proxy"* beschreibt, d. h. Cyber-Mobbing durch Stellvertreter. Sie spricht davon, „when a cyberbully gets someone else to do their dirty work. Most of the time they are unwitting accomplices and don't know that they are being used by the cyberbully."[30]

In einer repräsentativen Befragung berichten amerikanische Jugendliche am häufigsten, dass jemand ihre private Nachrichten veröffentlicht hat (15 Prozent), dass über sie ein Gerücht online verbreitet wurde oder dass sie aggressive oder bedrohende E-Mails, IM-Nachrichten oder SMS erhalten haben (jeweils 13 Prozent). Bei sechs Prozent hat jemand ein peinliches Bild ohne Erlaubnis veröffentlicht (vgl. Lenhart 2005, 1). In dem offenen Teil der Befragung von weiblichen Jugendlichen gaben die Opfer an, dass sie beschimpft oder bedroht wurden und dass jemand über sie Gerüchte verbreitete. Sie berichten auch von Vorfällen, in denen der Täter eine falsche Identität annahm oder intime Informationen über sie weitergab (vgl. Burgess-Proctor, Patchin & Hinduja im Druck, 12f.).

Über deutsche jugendliche Online-Opfer wurden – den Ergebnissen des ZEPF zufolge – am häufigsten Beleidigungen oder Gerüchte über das Handy oder Internet verbreitet, darauf folgt das Versenden von Gerüchten oder Drohungen an das Opfer direkt und schließlich der Ausschluss des Opfers

---

[30] Dies verdeutlicht Aftab (2008) an einem Beispiel: "Mary wants to get Jennifer back for not inviting her to her party. She goes online and, posing as Jennifer, posts "I hate Brittany, she is so stupid, ugly and fat!" on buddyprofile.com. Mary may tell Brittany and her friends that she read the post on buddyprofile.com and blames Jennifer for being mean. Brittany and her friends now start attacking Jennifer... They are doing Mary's dirty work for her. Mary looks like the "good guy" and Jennifer may be punished by her parents, lose her account with buddyprofile.com and get into trouble at school".

durch Klassenkameraden aus Chats oder Online-Spielen.[31] Knapp 20 Prozent geben an, dass jemand ihre privaten E-Mails, Chatnachrichten oder Bilder an andere weitergegeben hat (vgl. Jäger et al. 2007, 28). Hier wird deutlich, dass die Kommunikationsform Klatsch eine zentrale Rolle bei der Betrachtung von Cyber-Mobbing spielt.

4.5 Täter

Eine in der angloamerikanischen Literatur beliebte Kategorisierung der verschiedenen Typen von Online-Tätern hat Aftab vorgenommen (vgl. Tab. 4).

Tab. 4: Typen von Online-Tätern

Typen von Online-Tätern	Erläuterung
Vergeltung übender Engel	Jugendliche, die Mobbing-Opfer sind oder einen Freund haben, der gemobbt wurde, revanchieren sich nun und mobben den Täter wiederum im Internet.
Die Machtsüchtigen	Jugendliche, die im Internet mobben, um ihre Autorität zu demonstrieren und Kontrolle über andere auszuüben; ähnlich wie beim traditionellen Mobbing.
Rache der Streber	Jugendliche, die in der Schule als Streber gelten und nicht viel Respekt erhalten, wollen sich durch Cyber-Mobbing rächen.
Gemeine Mädchen[32]	Jugendliche, die aus Langeweile oder um Abwechslung zu haben, andere Jugendliche mobben.
Die Unbeabsichtigen	Jugendliche, die mobben ohne zu realisieren, dass es Mobbing ist.

Quelle: eigene Darstellung nach Aftab 2008c

---

[31] In der Ergebnispräsentation sind keine Zahlen angegeben, daher erfolgt hier nur eine Reihenfolge der Methoden ohne exakte Prozentwerte.
[32] Dieser Begriff ist ungünstig gewählt, da es sich auch um Jungen handeln kann.

Diese Einteilung ist zwar hilfreich, es besteht aber noch kein empirischer Beleg für ihre Richtigkeit. Das gilt ebenso für Willards Charakterisierung von Online-Tätern. Ihrer Ansicht nach vermeiden diese Diskussionen über die Computernutzung, sie regen sich ungewöhnlich stark auf, wenn sie den Computer nicht benutzen können, sie nutzen den Computer sehr exzessiv, sie verwenden mehrere Accounts und sie schließen das Programm, wenn man in den Raum kommt oder erlauben es nicht, dass jemand anderes den Bildschirm sieht (vgl. Willard 2007).[33]

Aktuelle empirische Studien aus Großbritannien und den USA kommen zu folgenden Ergebnissen: Insgesamt haben zwischen neun (vgl. Williams & Guerra 2007, 18)[34] und 28 Prozent (vgl. Ybarra et al. 2007b, 140) der Jugendlichen schon einmal andere im Internet oder über das Handy gemobbt. Diese sind größtenteils zwischen 15 und 17 Jahre alt und damit älter als durchschnittliche Offline-Täter. Denn im Gegensatz zu traditionellem Mobbing steigt Cyber-Mobbing mit zunehmendem Alter an, hat in der Mittelstufe seinen Höhepunkt und sinkt dann wieder (vgl. Kowalski & Limber 2007, 25; Williams & Guerra 2007, 18). Über Geschlechterunterschiede lässt sich keine generelle Aussage treffen. Katzer und Fetchenhauer (2007, 130) sowie Li (2006, 163f.) kommen zu dem Ergebnis, dass Jungen eher zu Tätern werden (22, bzw. 12 Prozent). Bei Williams und Guerra (2007, 18) sowie Slonje und Smith (2008, 150) zeigt sich dagegen kein signifikanter Unterschied, während bei Kowalski und Limber (2007, 25) Mädchen vor allem in der Gruppe der „Täter-Opfer"[35] stärker vertreten sind.

Insgesamt zeigt sich, dass viele der Online-Täter selbst Opfer von traditionellem Mobbing (56 Prozent der Täter-Opfer, 50 Prozent der Täter) und auch von Cyber-Mobbing (20 Prozent) sind. Vor allem zwischen verbalem Mobbing und Internet-Mobbing besteht ein hoher Zusammenhang (r=.87). Ebenso korrelieren die moralische Zustimmung zu Mobbing positiv sowie die Verbundenheit mit der Schule negativ mit dem Ausüben von Cyber-Mobbing. Das gilt auch für den Einfluss der Peergroup. Jugendliche, die zuverlässige,

---

[33] Hier ist anzumerken, dass es sich dabei auch um ein völlig normales Abgrenzungsverhalten von Jugendlichen gegenüber Erwachsenen handeln kann (z.B. nicht über Internetnutzung reden zu wollen), bzw. dass dieses Verhalten auch andere Gründe haben kann (z.B. sie unterhalten sich mit ihrem Freund oder ihrer Freundin)

[34] Ein möglicher Grund für die niedrigere Anzahl könnte sein, dass in dieser Studie Mobbing per Handy nicht berücksichtigt wurde. Außerdem wurde hier nur gefragt: „I told lies about some students through e-mail or instant messaging" (Williams & Guerra 2007, 17), d. h. es ist nicht ersichtlich, ob die Befragten Mobbing über andere Kanäle nicht angaben.

[35] Dieser Begriff bezeichnet Jugendliche, die sowohl als Täter als auch als Opfer in Cyber-Mobbing involviert sind.

soziale und hilfsbereite Freunde haben, mobben seltener (vgl. Hinduja & Patchin 2008, 149; Williams & Guerra 2007, 18f.).

Über die Hälfte der Online-Täter bezeichnet sich als Experte im Internet
und ihnen ist das Internet wichtiger (32 Prozent) als anderen Jugendlichen (18
Prozent). Dementsprechend ist unter den Tätern der Anteil derer, die mehr
als drei Stunden am Tag im Internet verbringen, auch größer als bei Nicht-
Tätern (21 Prozent im Vergleich zu zwölf Prozent). Fast die Hälfte berichtet,
ein schlechtes Verhältnis zu den Eltern zu haben, im Gegensatz zu 20 Prozent
der Nicht-Täter (vgl. Ybarra & Mitchell 2004, 327f.).

Als Opfer suchen sie sich am häufigsten einen Mitschüler (41 Prozent), einen Freund (32 Prozent) oder ihre Geschwister (12 Prozent) aus (vgl. Kowalski & Limber 2007, 26-28). Befragt man sie nach den Motiven für das
Verhalten, so geben Jugendliche in einer Gruppendiskussion Langeweile,
Macht, Revanche für Offline-Mobbing, Aufmerksamkeit, „cool sein" und Ei-
fersucht an. Außerdem geben sie zu, dass sie sich bei Cyber-Mobbing durch
die Anonymität und die niedrigere Wahrscheinlichkeit, zur Rechenschaft gezogen zu werden, sicherer fühlen als bei traditionellem Mobbing. Es falle ihnen leichter, da sie mit dem Opfer nicht von Angesicht zu Angesicht konfrontiert werden (vgl. Kowalski & Witte; zit. n. Kowalski et al. 2008, 59).

In Deutschland ist Cyber-Mobbing noch wissenschaftliches Neuland. Eine
Studie, die Mobbing in *Internetchats* untersucht, kommt zu dem Ergebnis, dass
34 Prozent der befragten Jugendlichen schon einmal andere beleidigt, beschimpft, geärgert u. ä. haben. 15 Prozent geben an, andere im Chat erpresst
oder bedroht zu haben (vgl. Katzer 2007, 39). Die Ergebnisse zeigen, dass
größtenteils dieselben Personen in der Schule und in Chats zu Tätern werden:
79 Prozent der Offline-Täter sind auch Chat-Täter (vgl. Katzer 2007, 16). Das
heißt, sie weisen auch die gleichen Persönlichkeitsmerkmale wie Offline-Täter
auf. Als Risikofaktoren für die Täterschaft identifizieren sie daher das Geschlecht (eher Jungen), Delinquenz, geringes Kompetenzbewusstsein hinsichtlich des Schulerfolgs, eine negative, emotionale Beziehung zu den Eltern, häu-
figes schulisches Problemverhalten, z. B. Schule schwänzen und hohe Inter-
netdissozialität, z. B. Besuch von extremen Chats wie Pornochats (vgl. Katzer
und Fetchenhauer 2007, 130).

4.6 Opfer

Von Cyber-Mobbing betroffen sind angloamerikanischen Studien zufolge
zwischen sieben (vgl. Ybarra 2004, 251) und 43 Prozent (vgl. Moessner 2007,
1) der Jugendlichen, wobei der Großteil der Studien einen Anteil zwischen 20

und 35 Prozent ermittelt (z. B. Hinduja & Patchin 2008, 141; NCH 2005, 3; Ybarra et al. 2007b, 140). Sieben bzw. acht Prozent werden regelmäßig viktimisiert (vgl. Smith et al. 2008; Ybarra et al. 2007a). Ebenso wie bei den Tätern steigt die Anzahl der Opfer mit zunehmendem Alter. Am höchsten ist die Rate bei den 15- und 16-Jährigen (vgl. Moessner 2007, 2).

Der Großteil der Studien fand heraus, dass im Gegensatz zu traditionellem Mobbing bei Cyber-Mobbing eher Mädchen betroffen sind (vgl. Kowalski & Limber 2007, 25; Moessner 2007, 1; Opinion Research Corporation 2006, 17; Smith et al. 2008, 380). Nur bei Li (2006, 163) zeigte sich kein Unterschied zwischen den Geschlechtern.

Bezogen auf die Frage, ob das Opfer seinen Peiniger kennt, kommen Studien zu unterschiedlichen Ergebnissen: Zwischen 26 Prozent (vgl. Opinion Research Corporation 2006, 21) und 72 Prozent (vgl. NCH 2005, 3) der Opfer wissen nicht, wer dahinter steckt, bzw. es handelt sich um eine unbekannte Person, z. B. eine Online-Bekanntschaft. Der Großteil der Opfer (55 Prozent) gibt jedoch an, mehrmals von dem gleichen Täter gemobbt worden zu sein (vgl. Ybarra 2004, 251). Kennen die Opfer die Täter, so handelt es sich am häufigsten um einen Mitschüler (52 Prozent). In der Gruppe der Täter-Opfer sind die Täter oft auch Freunde (52 Prozent). Bei zwölf Prozent der Opfer bzw. 16 Prozent der Täter-Opfer handelt es sich um einen Geschwisterteil (vgl. Kowalski & Limber 2007, 28). Die von Burgess-Proctor et al. (im Druck, 14) befragten Mädchen nennen im offenen Teil der Befragung häufig ihren Ex-Freund als Täter.

Über den Vorfall sprechen zwischen 72 Prozent (vgl. NCH 2005, 3) und 83 Prozent (Opinion Research Corporation 2006, 22) der Opfer. Meistens wenden sie sich dabei an einen Freund (41 bzw. 72 Prozent), an die Eltern (24 bzw. 35 Prozent) oder ihre Geschwister (34 Prozent.). Einige erzählen es auch ihren Lehrern (14 Prozent) (vgl. NCH 2005, 3; Opinion Research Corporation 2006, 22). Die Jugendlichen, die niemandem davon erzählen, haben den Vorfall nicht als Problem gesehen (31 Prozent), sie denken, dass das Problem dadurch nicht gelöst wird (elf Prozent) oder sie wissen nicht, an wen sie sich wenden sollen (zehn Prozent) (vgl. NCH 2005, 4). Bei Gruppendiskussionen mit insgesamt 150 Teilnehmern stellte sich heraus, dass die Jugendlichen den Vorfall ungern in der Schule oder zu Hause erzählen, da sie in der Schule das Handy trotz Verbot nutzen. Zu Hause befürchten sie, von den Eltern die Computernutzung verboten zu bekommen und daher erneut „bestraft" zu werden. Die meisten Schüler wissen, wie man mit Cyber-Mobbing umgehen kann, z. B. indem man die IM-Nachricht ignoriert oder den Sender blockt (vgl. Agatston, Kowalski & Limber 2007, 60; Keith & Martin 2005, 226).

Weitere Ergebnisse zeichnen folgendes Bild von jugendlichen Online-Opfern: Jugendliche, die soziale Probleme haben, die selbst auch Täter sind oder interaktive Internetanwendungen wie IM, Bloggen oder Chats nutzen, werden mit höherer Wahrscheinlichkeit viktimisiert. Keinen Einfluss haben demografische Merkmale oder die Dauer der Internetnutzung (vgl. Lenhart 2007, 4; Ybarra et al. 2006, 1172f.). Über 60 Prozent der Online-Opfer unterhalten sich aber im Internet mit fremden Nutzern, beispielsweise in Chats, im Gegensatz zu einem Drittel der nicht betroffenen Jugendlichen (vgl. Wolak et al. 2007, 52). Die Hälfte der von Li (2006, 7) befragten Opfer hat überdurchschnittlich gute Schulnoten. Zusätzlich haben Opfer weniger Selbstvertrauen und haben eine stärkere Sozialphobie als andere Jugendliche, die nicht von Cyber-Mobbing betroffen sind (vgl. Kowalski et al. 2008, 83f.).

Ybarra et al. (2007a, 47-49) untersuchten den Zusammenhang zwischen traditionellem Mobbing und Cyber-Mobbing und stellten fest, dass 23 Prozent der Online-Opfer berichten auch offline gemobbt zu werden. Besonders von den Opfern, die regelmäßig viktimisiert werden, wird knapp die Hälfte (47 Prozent) auch häufig offline zum Opfer. Bei Kowalski et al. (2008) zeigt sich folgender Zusammenhang zwischen beiden Mobbingformen (Tab. 5).

Tab.5: Zusammenhang zwischen traditionellem Mobbing und Cyber-Mobbing

Traditionelles Mobbing	Online-Opfer (%)	Online-Täter (%)
Opfer	23	9
Täter	19	20
Täter-Opfer	36	23
Nicht involviert	9	5

Quelle: Kowalski et al. 2008, 82.[36]

Die Jugendlichen, die sowohl Opfer als auch Täter von traditionellem Mobbing sind, sind ebenfalls in Cyber-Mobbing involviert: 36 Prozent sind auch Online-Opfer, 23 Prozent werden auch zu Online-Tätern (vgl. Kowalski 2008, 82).

Betrachtet man die Auswirkungen auf die Online-Opfer, so stellt sich zunächst die Frage, ob Cyber-Mobbing genauso wie traditionelles Mobbing Auswirkungen auf die reale Welt hat. Patchin und Hinduja (2006, 155f.) halten die These, die Auswirkungen seien nicht so stark, da die Jugendlichen die Nachrichten einfach löschen, das Handy oder den PC ausstellen könnten, für

---

[36] Die dieser Frage zugrunde liegende Basis wurde nicht angegeben.

falsch. Die neuen Medien sind besonders in der Alltagskommunikation der Jugendlichen tief verankert. Da reale und virtuelle Welt eng miteinander verbunden sind, vermuten die Autoren auch „reale" Auswirkungen auf die Opfer. Denn das Mobbing kann jederzeit stattfinden, und das Opfer hat somit kaum Möglichkeiten dem Mobbing zu entfliehen. Zusätzlich vergrößert sich der mögliche Zuschauerkreis. Da die Opfer von anonymem Mobbing nicht wissen, wer der Täter ist, beginnen sie möglicherweise hinter jedem den sie kennen, diesen zu vermuten (vgl. Kowalski & Limber 2007, 27; Shariff & Gouin 2005, 3; Willard 2007, 48).[37] Trotzdem gibt über ein Drittel der Opfer an, auf den Vorfall nicht emotional zu reagieren. 30 Prozent haben sich jedoch darüber geärgert, 22 Prozent waren danach traurig (vgl. Hinduja & Patchin 2005, 1). Ybarra et al. (2006, 1175) kommen zu dem Ergebnis, dass 39 Prozent der Opfer emotional darunter leiden. 57 Prozent ärgern sich über den Vorfall, mehr als ein Drittel der Opfer (35 Prozent) fühlt sich bedroht oder es ist ihnen peinlich, dass jemand Informationen über sie an andere weitergegeben hat. 32 Prozent sagen, bekümmert oder unglücklich zu sein, 13 Prozent der Opfer sind verängstigt (vgl. Moessner 2007, 2). Knapp ein Drittel der Opfer meidet die Internetanwendung, bei welcher das Mobbing stattgefunden hat, 20 Prozent bleiben sogar daraufhin offline (vgl. Patchin & Hinduja 2006, 161). Vor allem Jugendliche, die von der gleichen Person online und offline gemobbt werden, verspüren starke Auswirkungen und sind verzweifelt und unglücklich (vgl. Ybarra et al. 2007a, 45). 13 Prozent der Opfer berichten von Depressionen (vgl. Ybarra 2004, 252).

In Deutschland ist das Thema Cyber-Mobbing in den Medien durch Lehrermobbing bekannt geworden. Eine Mitgliederbefragung der Gewerkschaft für Erziehung und Wissenschaft kommt zu dem Ergebnis, dass acht Prozent der Lehrer schon einmal zum Opfer wurden (vgl. GEW 2008). Was ein solcher Vorfall für sie bedeutet, macht die Schulpsychologin Lorenz (2007, 1) deutlich: Für Lehrer „ist es besonders tragisch und demütigend in dieser Form Opfer zu werden. Sie empfinden sich durch die Verletzung ihrer Persönlichkeitsrechte über anonyme Veröffentlichungen wehr- und hilflos und verlieren ihre professionelle Rollenidentität, wenn sie von Schülern/innen erniedrigt werden, für die sie eigentlich die Respektsperson sein [...] sollen."

---

[37] In einem Erzählforum auf Seitenstark (2008) vergleichen Jugendliche Cyber-Mobbing mit traditionellem Mobbing und berichten von ihren Erfahrungen:
„Ich wurde auch per SMS gemobbt und das hat dann besonders weh getan, weil man sich eigentlich gar nicht wehren konnte, man will doch mal im privatleben nichts von ihnen wissen und seine ruhe haben!!!!!!!! „Bosgec", 11 Jahre.
Es ist so schlimm, weil man nicht direkt danach mit den Leuten reden kann, sondern zu Hause rumsitzt und Angst davor hat, in die Schule zu gehen, man weiß nicht, wer es alles mitbekommen hat! „Ladybird", 13 Jahre.

In der deutschen Untersuchung des ZEPF geben 20 Prozent der befragten Jugendlichen an, von Cyber-Mobbing betroffen zu sein, in der repräsentativen Telefonbefragung von Gimm et al. (2008, 57) sagen 19 Prozent, dass sie schon einmal online beleidigt oder beschimpft wurden. Bei über der Hälfte der Opfer geht das Mobbing von einem Mitschüler aus, bei 22 Prozent war es „jemand anderes". Ca. 13 Prozent werden von einem Freund gemobbt und etwas mehr als zehn Prozent von einer Internetbekanntschaft.[38] Die Autoren stellten fest, dass direktes körperliches und verbales Mobbing mit steigendem Alter abnimmt, während Cyber-Mobbing ab der Sekundarstufe I, d. h. ab der 8. Klasse, deutlich ansteigt (vgl. Jäger et al. 2007, 10-12).

In der JIM-Studie 2008 geben 17 Prozent der befragten Jugendlichen an, dass schon einmal falsche bzw. beleidigende Sachen über sie online gestellt wurden. Ein Viertel (25 Prozent) kennt jemanden im Bekanntenkreis, der bereits in einer Community ‚fertig gemacht' wurde (vgl. MPFS 2008: 57).

Die weitere deutschsprachige Studie von Katzer und Fetchenhauer (2007, 127-132) konzentriert sich auf Cyber-Mobbing in Chatrooms. Das Ergebnis zeigt, dass über 40 Prozent aller Chatteilnehmer schon einmal von anderen Teilnehmern gehänselt, geärgert oder beleidigt, knapp ein Viertel von anderen ausgegrenzt oder gemieden wurde. 14 Prozent geben an, von anderen erpresst oder bedroht worden zu sein. Knapp zwei Drittel der Jugendlichen, die in der Schule gemobbt werden, sind auch Chat-Opfer. Im Umkehrschluss werden 37 Prozent der Jugendlichen, die in der Schule kein Opfer sind, im Chat viktimisiert. Beide Opfergruppen zeichnen sich den Autoren zufolge durch die gleichen Persönlichkeitsmerkmale aus. Sowohl Online- als auch Offline-Täter sind eher männlich, sie haben ein niedrigeres Kompetenzbewusstsein hinsichtlich ihres schulischen Erfolgs, sie halten sich für weniger begabt als andere und sind unzufriedener mit ihrem Aussehen. Darüber hinaus zeigt sich bei beiden Gruppen eine starke negative emotionale Beziehung zu den Eltern, diese trauen ihren Kindern weniger zu und wenden häufiger disziplinierende Maßnahmen in der Erziehung an. Beide Opfergruppen zeigen darüber hinaus ein stärkeres schulisches Problemverhalten wie beispielsweise Schule schwänzen. Sie sind weniger sozial integriert und fühlen sich als Außenseiter. Ebenso wie die Täter verhalten sich auch die Opfer häufiger anti-sozial, sie sind häufiger delinquent und bewerten den Einsatz von Gewalt im Alltag positiver. Opfer geben häufiger an körperliche Schmerzen wie Magenschmerzen, Schwindelgefühl, Schlafschwierigkeiten, Kopfschmerzen zu haben. Viele der Chatopfer empfanden die Viktimisierung emotional belastend. 41 Prozent waren

---

[38] Es wurden keine exakten Zahlen genannt, sondern die Ergebnisse wurden von der Autorin aus der Graphik geschätzt.

wütend, ein Drittel fand die Situation unangenehm, 20 Prozent waren frustriert und fast 15 Prozent waren sehr verletzt. Elf Prozent waren niederge-
schlagen und acht Prozent verängstigt. Jeder zehnte betroffene Jugendliche
berichtet von dauerhaften Belastungen, zwölf Prozent denken zum Zeitpunkt
der Befragung immer noch an den Vorfall zurück.

4.7 Zuschauer

Die Rolle der Zuschauer bei Cyber-Mobbing ist schwierig zu beurteilen und
bisher kaum untersucht. Sie sind nicht eindeutig „präsent" wie beim traditionellen Mobbing. Das Opfer weiß meistens gar nicht, wer bzw. wie viele Personen über den Vorfall informiert sind. Einflussreiche Zuschauer, die dem
Opfer helfen oder jemanden von dem Vorfall erzählen, sind möglicherweise
von noch größerer Bedeutung als bei traditionellem Mobbing, da die meisten
Cyber-Mobbingfälle an Orten im Internet geschehen, an denen keine Erwachsenen „anwesend" sind (vgl. Willard 2007, 44f). Die Rolle der Zuschauer
hängt bei Cyber-Mobbing vermutlich stark von dem jeweiligen Medium ab, in
dem der Vorfall stattfindet. Bei Chat-Mobbing kann ein Zuschauer die Nachrichten mitlesen und sich an dem Austausch beteiligen, entweder auf der Seite
des Opfers oder des Täters (vgl. Kowalski et al. 2008, 64). Stellt jemand ein
diskreditierendes Video online, hat man die Wahl, sich das Video anzuschauen
oder dies nicht zu tun, wobei es schwieriger ist, dem Opfer zu Hilfe zu kommen.

Kowalski et al. (2008, 64) stellen die These auf, dass sich im Allgemeinen
die Zuschauer bei Cyber-Mobbing eher auf die Seite der Täter stellen, mit der
Begründung, dass man weder spezielle körperliche Merkmale noch sozialen
Mut aufbringen muss, um mitzumachen. Shariff und Johnny (2007, 312) stellten fest: 30 Prozent der Zuschauer unterstützen die Täter und nicht die Opfer. Je länger das Mobbing im Internet andauert, desto mehr Personen schau-
en sich die Einträge, Videos etc. an.

36 Prozent der amerikanischen unter 18-Jährigen haben Cyber-
Mobbingfälle im Internet schon einmal beobachtet (vgl. Hinduja & Patchin
2005, 1). Etwas weniger als ein Drittel (28 Prozent) der jugendlichen Handy-
besitzer in Deutschland haben 2008 schon einmal mitbekommen, wie eine
Prügelei aufgenommen wurde (Happy Slapping). Das sind zwölf Prozent
mehr als zwei Jahre zuvor (vgl. MPFS 2008, 66).

Während bei Burgess-Proctor et al. (im Druck, 15) einige Mädchen angeben, bei Cyber-Mobbing in Chats von ihren Online-Freunden unterstützt zu
werden und sich gemeinsam zu wehren, zeigen Ergebnisse einer Gruppendis-

kussion, dass viele Jugendlichen selbst gar nicht wissen, wie sie als Zuschauer handeln sollten, wenn sie Mobbing im Internet beobachten (vgl. Agatston et al. 2007, 59f.).[39]

4.8 Ursachen

Nachdem nun ausführlich auf Cyber-Mobbing und dessen Akteure eingegangen wurde, sollen zum Schluss dieses Kapitels die Ursachen für dieses Verhalten betrachtet werden. Dieser Aspekt wird in der Literatur bisher nur gestreift. Die Autoren (vgl. z. B. Kowalski et al 2008; Trolley 2007; Willard 2007) verweisen dabei hauptsächlich auf die vermeintliche Anonymität im Internet, die enthemmendes Verhalten und daher auch Cyber-Mobbing fördert und beziehen sich teilweise auf die in Kapitel 3.1.3 beschriebenen Theorien der computervermittelten Kommunikation. Unter dem Titel „I can't see you – You can't see me" (Willard 2007, 73) beschreibt Willard einen damit verbundenen Aspekt: die Unsichtbarkeit von Täter und Opfer. Dabei geht sie und auch weitere Forscher besonders auf den Aspekt der Empathie bzw. des Einfühlungsvermögens ein (vgl. Grimm & Rhein 2007, 42; Trolley, Hanel & Shields 2006, 22; Willard 2008, 74-76). Darunter wird das emotionale oder moralisch bedingte Mitfühlen oder Mitleiden mit einer anderen Person verstanden, durch den Versuch, sich in diese hineinzuversetzen. Willard und Grimm und Rhein argumentieren, dass aggressives Verhalten gehemmt werden kann, wenn Empathie, wie beispielsweise die Nähe zum Opfer, vorhanden ist. Dies konnte Milgram (1965, 1974) in seinen Gehorsamkeitsexperimenten nachweisen.[40] Er stellte einen negativen Zusammenhang zwischen der Nähe der Gewaltopfer und der Anzahl der erteilten Elektroschocks fest. Dieses Experiment erklärt auch einen weiteren für Cyber-Mobbing relevanten Aspekt. Es wird vermutet, dass sich die Jugendlichen im Internet keinen Regeln verpflichtet fühlen, sie glauben sich für ihr Verhalten nicht verantworten zu müssen. Im Milgram-

---

[39] Insgesamt lässt sich nicht sagen, ob unterschiedliche Ergebnisse in den Studien tatsächlich auf quantitative Veränderungen bei Tätern und Opfern zurückzuführen sind (im Laufe der Zeit) oder aufgrund von methodischen Unterschieden entstanden sind (z.B. Online- vs. Telefonbefragung, Alter der Stichprobe). Unterschiedliche Definitionen von Cyber-Mobbing können ebenso dafür verantwortlich sein. So definieren beispielsweise Kowalski und Limber (2007, 24) diejenigen als Online-Opfer, die mindestens ein Mal in den letzten Monaten im Internet oder per Handy gemobbt wurden, Wolak et al. (2007, 51) sprechen erst dann von Cyber-Mobbing, wenn das Mobbing mindestens zwei bis drei Mal im Monat vorkommt.

[40] In dem Experiment stellte die Versuchsperson den „Lehrer" dar, der mit einem (instruierten) „Schüler" einen Lerntest durchführen sollte. Bei jedem Fehler sollte der „Lehrer" dem „Schüler" einen Elektroschock von wachsender Stärke geben (vgl. Milgram 1974, 19). 26 Versuchspersonen gingen im ersten Experiment bis zur maximalen Spannung von 450 Volt, nur 14 brachen vorher ab (vgl. ebd., 51).

Experiment konnten die Probanden die Verantwortung ebenso an den Versuchsleiter „übergeben" und verhielten sich dadurch ungehemmter. Darüber hinaus konnten die Versuchspersonen die Opfer nicht sehen. Auch dies entspricht der Situation bei Cyber-Mobbing.

Willard stellt weiterhin fest, dass dadurch auch das Reuegefühl der Jugendlichen verringert wird. Ferner betrachtet sie die Tatsache, dass die Täter keine spürbaren Reaktionen auf die Konsequenzen ihres Online-Verhaltens erfahren als weitere Ursache (vgl. Willard 2007, 78f.). Man kann daher vermuten, dass sich der Täter deshalb über die Konsequenzen seiner Tat weniger bewusst ist. Kowalski und Limber (2007, 27f.) stellen die These auf, dass einige Täter sich aus diesem Grund nicht im Klaren darüber sind, dass sie tatsächlich jemandem Schaden zufügen. Die Teilnehmerin einer Gruppendiskussion beschreibt dieses Gefühl:

> "I personally think cyber bullying is not something you think about and say oh I feel like cyber bullying someone. It might even be accidental but you might say something to someone that really hurts them and you might just keep at it. You might think you are having fun but you can't hear their tone of voice over AIM [AOL Instant Messenger, Anm. NF] or e-mail so you don't even know if you are doing it" (Kowalski et al. 2008, 65).

Eine weitere Teilnehmerin stimmt dem zu: „Well, now I realize... how bad it really did sound. I mean, I know this sounds totally lame, but I really did not realize how threatening it really was" (ebd., 87). In einer Online-Befragung sagen 47 Prozent der Jugendlichen, dass Cyber-Mobbing ausgeübt wird, da der Täter keine spürbaren Konsequenzen zu erwarten hat. 45 Prozent sehen die Ursache darin, dass man nicht gefasst wird (vgl. Moessner 2006, 3). Auch Grimm und Rhein (2007, 193) stellen in ihrer Untersuchung fest, dass den Jugendlichen das Bewusstsein für ihr Verhalten fehlt: „Jugendliche müssen für die Problematik dieser (Handy-) Gewaltaktionen, ihre Unrechtmäßigkeiten und die konkreten Folgen für andere und für sie selbst sensibilisiert werden."

Problematisch ist außerdem, dass Erwachsene ihre Kinder in der virtuellen Welt oft alleine lassen und diese dort keine Normen und Regeln vermittelt bekommen, so wie dies in der realen Welt üblicherweise der Fall ist. Empirische Studien zeigen, dass Eltern zum einen technisch weniger kompetent sind als ihre Kinder, d. h. sie können diese Welt überhaupt nicht nachvollziehen, zum anderen aber auch ein geringeres Interesse zeigen. Sie glauben zwar, sie wüssten, was ihre Kinder im Internet tun, diese sehen das jedoch anders. 62 Prozent der in den USA befragten Eltern sagen, dass sie die Surfgewohnheiten ihrer Kinder kennen, während nur ein Drittel der Jugendlichen dieser Aussage zustimmt (vgl. Lenhart 2005, 3; Lenhart, Rainie & Lewis 2001, 25).

4.9 Zusammenfassung

Besonders durch die Aktivitäten der Lehrerverbände wurde auf das Thema Cyber-Mobbing aufmerksam gemacht. Die Ergebnisse bisheriger Studien in Deutschland weisen darauf hin, dass Cyber-Mobbing ein verbreitetes Problem unter Jugendlichen ist. Etwa 20 Prozent geben an, schon einmal davon betroffen gewesen zu sein (vgl. Jäger et al. 2007, 11). 34 Prozent geben zu, schon einmal andere Jugendliche im Chat beleidigt oder bedroht zu haben (vgl. Katzer 2007, 39). Zu ähnlichen Ergebnissen kommen weitere Studien aus dem angloamerikanischen Raum, die das Phänomen seit 1999 untersuchen. Sie fanden außerdem heraus, dass zwischen traditionellem Mobbing und Cyber-Mobbing ein Zusammenhang besteht. So weisen Online-Täter und -Opfer ähnliche Persönlichkeitsmerkmale auf wie Jugendliche, die Täter bzw. Opfer von traditionellem Mobbing sind. Ein Anteil der Online-Täter entspricht jedoch auch Jugendlichen, die im Alltag nicht in Mobbing involviert sind. Daher vermuten einige Forscher, dass aufgrund der internetspezifischen Merkmale die Täterschaft erleichtert wird, beispielsweise dadurch, dass der Täter das Opfer nicht sehen kann und die Täter anonym mobben können.

Die Auswirkungen auf die Opfer wurden bisher nur oberflächlich untersucht. Vor allem der Frage nach den Veränderungen zu traditionellem Mobbing wurde kaum Rechnung getragen. Katzer und Fetchenhauer fanden heraus, dass der Großteil der Opfer emotional unter dem Cyber-Mobbing leidet, zehn Prozent berichten von dauerhaften Auswirkungen. Auch die Rolle der Zuschauer bei Cyber-Mobbing ist noch ungeklärt. Hinduja und Patchin (2005, 1) fanden heraus, dass bereits 36 Prozent der Jugendlichen einen Vorfall im Internet beobachtet haben. Sie geben in einer Gruppendiskussion jedoch an, dass sie nicht wissen, wie sie sich dabei verhalten sollen (vgl. Agatston et al. 2007, 59f.).

5. Anlage und Durchführung der Untersuchung

Der Überblick des aktuellen Forschungsstandes macht deutlich, dass es weiterer Grundlagenforschung zu Cyber-Mobbing bedarf. Denn der Großteil der quantitativen Studien verzichtet auf diesen Schritt und geht von Prämissen aus, die empirisch noch nicht bestätigt sind und welche sich ferner zwischen den Studien unterscheiden. Beispielsweise beziehen sich die Studien bei der Begriffsbestimmung von Cyber-Mobbing ohne dies zu Hinterfragen auf die Definition von traditionellem Mobbing. Es existieren darüber hinaus nur wenige Studien, die das Phänomen aus der Perspektive der involvierten Personen untersuchen. Das Problem dabei machen Burgress-Procter et al. (im Druck, 10) deutlich:

> "In part due to the ambiguous definition of cyberbullying, as well as the vast spectrum of behaviors that adolescents are likely to label as cyberbullying, establishing the validity of a purely quantitative measure may prove difficult. Our quantitative measures were informed by traditional bullying research and from our own previous research on cyberbullying. [...] without allowing respondents to discuss what online bullying means to them in the context of their individual experiences, researchers cannot be entirely confident that a survey instrument measures "cyberbullying" as it is perceived by the respondents."

5.1 Experteninterviews

5.1.1 Forschungsinteresse

Der Großteil, der oben vorgestellten Literatur (z. B. Agatston et al. 2007; Hinduja & Patchin 2008; Kowalski & Limber 2007; Kowalski et al. 2008; Slonje & Smith 2008; Wolak et al. 2007; Ybarra et al. 2007a) war zum Zeitpunkt der Durchführung der Interviews noch nicht veröffentlicht. Daher konnte auf dieses Wissen nicht zurückgegriffen werden. Von Interesse sind in dieser Arbeit die Veränderungen gegenüber traditionellen Formen der Alltagskommunikation sowie traditionellem Mobbing durch die Verwendung des Internets. Aus den oben vorgestellten Theorien und dem damals aktuellen Forschungsstand ergaben sich folgende Forschungsfragen, die aber auch nach Veröffentlichung neuerer Literatur noch weitestgehend unbeantwortet bleiben:

- Durch welche Merkmale zeichnet sich Cyber-Mobbing aus?
- Wie lässt sich das Verhalten der Täter beschreiben?
- Was sind die Ursachen für Cyber-Mobbing?
- Welche Auswirkungen hat Cyber-Mobbing auf die Opfer?

5.1.2 Methode

Da bei diesen Forschungsfragen keine quantitativen Häufigkeiten, sondern die möglichen Dimensionen des Phänomens von Interesse sind, liegt es nahe, auf einen qualitativen Forschungsansatz zurückzugreifen. Dafür spricht auch die Tatsache, dass der Gegenstand relativ unbekannt ist (vgl. Heinze 2001, 27). So ist es möglich, diese noch weitgehend unerforschten Fragen explorativ zu erschließen. Denn das Prinzip der Offenheit qualitativer Methoden erlaubt es dem Forscher sich flexibel an neue Gegebenheiten im Forschungsprozess anzupassen. Daher wird zu Beginn der Untersuchung auf Hypothesenbildung verzichtet (vgl. Lamnek 2005, 26f). Das Experteninterview stellte sich dabei als geeignete Methode heraus, da dieses dem Forscher einen Themenbereich erläutert, zu dem er selbst keinen Zugang hat (vgl. Gläser & Laudel 2006, 11). Gegenstand der Experteninterviews sind die Aufgaben und Tätigkeiten des Experten und die daraus resultierenden exklusiven Erfahrungen und Wissensbestände (vgl. Meuser & Nagel 1991, 444). Der Begriff „Experte" ist in diesem Zusammenhang ein relationaler Status. Der Expertenstatus wird vom Forscher vergeben und ist auf die spezifische Fragestellung begrenzt (vgl. Meuser & Nagel 2005, 73).

Die Gütekriterien quantitativer Forschung – Objektivität, Reliabilität und Validität – gelten aufgrund des unterschiedlichen Ansatzes der qualitativen Forschung nur modifiziert. Vor allem die Reliabilität ist bei qualitativen Untersuchungen eingeschränkt, dafür ist aber die Validität und die Fruchtbarkeit der Daten im Vergleich zu quantitativen Untersuchungen höher (vgl. Spöhring 1995, 161). Dem Kriterium der Objektivität kann durch eine alle Phasen umfassende Verfahrensdokumentation und intersubjektiv nachvollziehbar gemachte Interpretation entsprochen werden. Daher dokumentiere ich im Folgenden den Forschungsprozess in seinen einzelnen Schritten.

5.1.3 Auswahl der Experten

Bei qualitativen Methoden ist es üblich die Auswahl der Befragten nicht zufällig, sondern nach dem Prinzip des „Theoretical Sampling" vorzunehmen. Dabei werden die Befragten gezielt entsprechend der Fragestellungen der Untersuchung ausgewählt (vgl. Glaser & Strauss 1998, 53; Lamnek 2005, 313f.). Für diese Untersuchung kamen somit als Experten Personen in Frage, die sich im Rahmen ihrer Arbeit mit dem Thema Cyber-Mobbing beschäftigen. Wichtig war dabei, Experten mit unterschiedlichen Blickwinkeln auf das Problem zu befragen und somit durch die Experten ein breites Spektrum an Berufsfeldern abzudecken. Aufmerksam wurde ich auf die Experten dadurch, dass sie entweder in Medienberichten über Cyber-Mobbing zitiert wurden oder an Projekten oder Studien zu dem Thema beteiligt sind.

Ein Schwerpunkt der Forschung zu Cyber-Mobbing liegt im angloamerikanischen Raum. Um nicht nur Angaben deutscher Forscher vorweisen zu können, befragte ich anhand eines schriftlichen Fragebogens (vgl. Anhang, 3f.) sieben Experten aus den USA, aus England und Australien, die sich bereits mit Cyber-Mobbing auseinander gesetzt hatten.

5.1.4 Durchführung

Ab Oktober 2007 versendete ich 15 schriftliche Anfragen an Personen, die sich beruflich mit Cyber-Mobbing beschäftigen. Davon sagten neun Personen für ein persönliches Interview zu. Im Zeitraum vom 16. November bis 11. Dezember schrieb ich per E-Mail 17 weitere Personen aus dem angloamerikanischen Raum an. Davon sendeten mir sieben Experten den ausgefüllten Fragebogen zurück.

Tab. 6: Übersicht über die befragten Experten

	Experte	Bereich
Deutsche Experten	A	Ehemaliger Hauptschullehrer, Mitarbeiter eines Landesmedienzentrums
	B	Psychologe
	C	Projektleiterin einer Anti-Mobbing-Aktion, Leiterin eines Forums für Mobbing-Opfer
	D	Mitarbeiterin einer Beschwerdestelle für Internet-Mobbing
	E	Pädagoge
	F	Kommunikationswissenschaftler
	G	Vorstandsmitglied eines Lehrerverbands, Schulleiter eines Gymnasium
	H	Polizist (Kriminalprävention)
	I	Sozialwissenschaftlerin
Angloamerikanische Experten	1	Kriminologe mit Schwerpunkt Cyber-Mobbing
	2	Betreiber einer Homepage über Cyber-Mobbing
	3	Leiter einer Organisation für Internetsicherheit
	4	Sozialpsychologin mit Schwerpunkt Cyber-Mobbing, Betreiberin einer Homepage über Cyber-Mobbing
	5	Leiterin eines wissenschaftlichen Instituts für sichere und verantwortungsvolle Internetnutzung
	6	Schulpsychologin, Betreiberin einer Homepage über Cyber-Mobbing
	7	Leiterin eines Forschungsinstituts „Kinder und Internet" mit dem Schwerpunkt Cyber-Mobbing

Quelle: eigene Darstellung

Bezogen auf die Forschungsfragen können diese Personen alle als Experten bezeichnet werden, da sie „über einen privilegierten Zugang zu Informationen über Personengruppen" (Meuser & Nagel 1991, 443) verfügen bzw. sich mit dem Thema Cyber-Mobbing auseinandersetzen.

Die Interviews wurden im Zeitraum vom 9. November 2007 bis 16. Januar 2008 durchgeführt. Die ersten persönlichen Interviews fanden am Arbeitsplatz der Experten oder bei ihm zu Hause statt, die letzten drei aus forschungsökonomischen Gründen per Telefon. Alle Gespräche wurden mit einem digitalen Aufnahmengerät festgehalten. Das hat den Vorteil, dass ich das Interview während der Durchführung nicht protokollieren musste und somit keine Informationen verloren gingen. So tritt auch keine Selektion der Informationen durch das Protokoll auf (vgl. Friedrichs 1990, 229).

Für die Durchführung der Experteninterviews empfehlen Meuser und Nagel (1991, 448f.) einen Leitfaden, der auf Basis der Forschungsfragen entwickelt wird. Damit kann man verhindern, dass Themen erläutert werden, die nichts mit den eigentlichen Fragen zu tun haben, er gibt dem Experten aber zugleich genug Möglichkeiten, seine Sichtweise und sein Wissen zu äußern. Der Leitfaden dieser Untersuchung beginnt mit der Frage nach Beispielen für Cyber-Mobbing. Dies diente zum „Aufwärmen" und zur Erleichterung des Gesprächseinstiegs. Im weiteren Verlauf wurden die Themen aufgegriffen, die vom Experten angesprochen wurden sowie die weiteren Kategorien des Leitfadens: die Erläuterung einer Definition, die Einschätzung der Auswirkungen auf die Opfer, die aktuellen Ausmaße des Phänomens unter Jugendlichen und das Verhalten der Täter waren hier von Bedeutung. Schwerpunkt bildet hier das Thema Medienkompetenz. Der Leitfaden ist allgemein gehalten und nicht ausformuliert, um sich sprachlich besser auf den jeweiligen Experten einlassen zu können. Für die schriftlichen Interviews mit den angloamerikanischen Experten übersetzte ich die Kategorien des Leitfadens ins Englische und formulierte sie als Fragen aus.

5.1.5 Verfahren der Datenauswertung

5.1.5.1 Datenaufbereitung

Um dem Kriterium der Transparenz zu genügen, transkribierte ich die Interviews.[41] „Unter Transkription versteht man die graphische Darstellung ausgewählter Verhaltensaspekte von Personen, die an einem Gespräch (z. B. einem Interview oder einer Alltagsunterhaltung) teilnehmen" (Kowal & O'Connell 2007, 438). Es gibt in der Literatur kein allgemein gültiges

---

[41] Interviewpassagen, die für die Arbeit irrelevant sind, wurden nicht transkribiert, sondern nur die Aussagen, die auch mit dem Thema im Zusammenhang stehen. So habe ich beispielsweise private Erlebnisse oder Aussagen, die Aufschluss über die Identität des Experten geben, nicht transkribiert.

Transkriptionssystem, die Transkription sollte am Zweck der Untersuchung orientiert sein. Flick (2007, 380) empfiehlt in den Sozialwissenschaften nur so viel und so genau zu transkribieren, wie es die Fragestellung erfordert. So müssen bei Experteninterviews sprachliche Elemente, wie beispielsweise die Stimmlage oder nonverbale Zeichen nicht transkribiert werden, da sie für die Auswertung keine Bedeutung haben. Nur Pausen, Wort- und Satzabbrüche sowie Bemerkungen oder Lachen wurden dokumentiert, da diese Einfluss auf das Verständnis des Inhaltes haben können. Mayring entsprechend (2002, 91) wurden die Aussagen der Experten bei der Transkription in normales Schrift-deutsch übertragen. Dies betrifft vor allem Dialekt-Färbung und umgangs-sprachliche Verkürzungen, wie beispielsweise „ne" für „eine". Zustimmende Bemerkungen meinerseits (z. B. „hmm") wurden auch nicht transkribiert, da sie keine Relevanz für die Auswertung haben.

5.1.5.2 Analyse der Interviews

Ziel der Analyse von Experteninterviews ist es, das „Überindividuell-Gemeinsame herauszuarbeiten, Aussagen über Repräsentatives, über gemein-sam geteilte Wissensbestände, Relevanzstrukturen, Wirklichkeitskonstruktio-nen, Interpretationen und Deutungsmuster zu treffen" (Meuser & Nagel 1991, 452). Auf Basis der Vergleichbarkeit der Expertenäußerungen soll eine theoretisch gehaltvolle Konzeptualisierung von Wissensbeständen erreicht werden (vgl. Bogner & Menz 2005, 38).

Die Aussagen, die für die Forschungsfragen relevant sind, wurden im ers-ten Schritt der Auswertung in eigenen Worten paraphrasiert. Diese paraphra-sierten Passagen wurden mit Überschriften versehen, die den Inhalt der Pas-sagen wiedergeben. Nun folgte ein thematischer Vergleich der Interviews, wobei hier die chronologische Abfolge des Textes aufgehoben wurde. Passa-gen der unterschiedlichen Interviews, die ähnliche Themen behandeln, wur-den zusammengestellt. Eine Hauptüberschrift fasste daraufhin die subsumier-ten Passagen zusammen. Auf dieser Basis konnten die im Ergebnisteil vorge-stellten Kategorien identifiziert werden. Schließlich löste sich die Analyse voll-ständig vom Material, um die zugrunde liegenden Forschungsfragen zu be-antworten (vgl. Meuser & Nagel 1991, 457-459). Das gleiche Verfahren erfolg-te mit den angloamerikanischen Interviews, die ja bereits in schriftlicher Form vorlagen. In der Analyse konzentriere ich mich allerdings auf die deutschen Experten, da hier aufgrund der persönlichen Interviews wesentlich ausführli-cheres Datenmaterial zur Verfügung steht. Die schriftlichen Interviews dienen vor allem zur Verdeutlichung einzelner Aspekte. Die Experten sind für die

Auswertung in zufälliger Reihenfolge anonymisiert worden. Um die deutschen und die angloamerikanischen Experten voneinander zu unterscheiden, wurden für die deutschen Experten Buchstaben, für die angloamerikanischen Experten Zahlen verwendet.

5.2 Interviews mit den Opfern

5.2.1 Forschungsinteresse

Im zweiten empirischen Teil soll die Forschungsfrage nach den Auswirkungen von Cyber-Mobbing auf die Opfer untersucht werden. Welche emotionalen, sozialen und psychischen Folgen hat das Mobbing für die Betroffenen? Welche Veränderungen treten gegenüber traditionellem Mobbing auf? Was verändert sich für die Betroffenen durch den Umstand, dass der Vorfall öffentlich ist? Hier ist der psychosoziale Prozess von Interesse, welcher bei den Opfern durch das Cyber-Mobbing ausgelöst wird.

Wie oben bereits erwähnt konzentriert sich die Arbeit auf Cyber-Mobbing unter jugendlichen Täter, was bedeutet, dass sowohl Jugendliche als auch Erwachsene davon betroffen sein können. Aus diesem Grund sollen in der Untersuchung nicht nur Jugendliche sondern auch Lehrer befragt werden.

5.2.2 Methode

Zur Beantwortung dieser Forschungsfragen bediene ich mich ebenfalls eines qualitativen Forschungsansatzes, denn das Ziel ist keineswegs, „die Häufigkeit, sondern ein möglichst zutreffendes Set der relevanten Handlungsmuster in einer sozialen Situation herauszufinden" (Lamnek 2005, 384). Repräsentativität spielt dabei nur eine untergeordnete Rolle. Auch hier spricht das Prinzip der Offenheit qualitativer Forschung für deren Einsatz, da noch relativ wenig über den psychosozialen Prozess, der bei den Opfer durch Cyber-Mobbing ausgelöst wird, bekannt ist. Qualitative Methoden ermöglichen es außerdem, die Untersuchungsobjekte nicht auf wenige Variablen reduziert, sondern umfassend zu betrachten. Es werden daher in der Regel eine geringe Anzahl an Personen untersucht, um eine intensivere Beschäftigung mit dem Untersuchungsmaterial zu ermöglichen (vgl. ebd., 299). Das Individuelle und Spezifische der Untersuchungsobjekte steht hier im Mittelpunkt. Die Handlungsmuster orientieren sich zwar an Individuen, werden aber als generelle Strukturen verstanden, die nicht nur spezifisch für Einzelne gelten. Die qualitativen Interviews ermöglichen es also, die Auswirkungen auf die betroffenen Personen, ihre Emotionen, Reaktionen und Einstellungen zu untersuchen. Ausgehend von den Erfahrungen der Befragten ist es dann möglich, Tendenzen der Handlungsstrukturen und Handlungsmuster im gesellschaftlichen Kontext festzustellen (vgl. ebd., 312f.).

Da sich aus der Theorie reziproker Effekte die relevanten Kategorien ergeben, erwies sich das Leitfadeninterview für die Befragung der Opfer als zweckmäßig. Eine weitere Prämisse für diese Interviewmethode – der Forscher weiß, dass der Interviewte eine bestimmte Situation erlebt hat – ist ebenso erfüllt. So wurde aus der Analyse der Situation und der vorhandenen Theorie über reziproke Effekte ein Leitfaden entwickelt. Dieser lehnt sich an die Kategorien des Modells von Daschmann an: Aufmerksamkeit, Wahrnehmung, Emotionen, Kognitionen und mentale Kontrolle. Zusätzlich wurde unterschieden zwischen präkommunikativer Situation, d. h. dem Zeitraum bevor das Opfer die Einträge liest, aber darüber informiert ist; kommunikativer Situation, genau der Zeitpunkt an dem die Einträge gelesen werden und postkommunikativer Situation, der Phase nach dem Vorfall. So wurde sichergestellt, dass im Interview alle relevanten Aspekte berücksichtigt wurden.

5.2.3 Auswahl der Opfer

Die Qualität der Stichprobe wird, wie oben bereits erwähnt, bei qualitativen Methoden nicht durch statistische Repräsentativität, sondern durch kriteriengesteuerte Auswahl, d. h. durch theoretische Vorüberlegungen gewährleistet. Im Fokus steht somit eine inhaltliche und keine zahlenmäßige Repräsentativität (vgl. Glaser & Strauss 1998, 45). Für die Untersuchung kamen Personen in Frage, die Erfahrungen mit Cyber-Mobbing über einen öffentlichen Kanal gemacht hatten. Jugendliche und Lehrer sollten dabei gleichermaßen repräsentiert sein.

Der Zugang zu den Opfern gestaltete sich als relativ schwierig, was vermutlich daran liegt, dass Betroffene nicht gerne über das Thema sprechen, da es sich um ein sehr intimes Problem handelt. Bei der Suche nach Teilnehmern wendete ich mich an über 100 Gymnasien und Realschulen in Rheinland-Pfalz, Hessen und Baden-Württemberg mit der Bitte einen Aushang (vgl. Anhang, 1) aufzuhängen. Da sich dieser Weg nicht als erfolgreich erwies, erstellte ich zusätzlich in Mobbing- und Lehrer-Foren Anzeigen (z. B. internetvictims.de; lehrerforen.de; schueler-gegen-mobbing.de; seitenstark.de). Ebenso fragte ich im Freundes- und Bekanntenkreis nach Kontakten. Doch auch hier gestaltete sich die Suche nicht einfach. Fünf Bekannte wussten von einer betroffenen Person, die jedoch nicht bereit war an einem Interview teilzunehmen. Begründet wurde dies in dem meisten Fällen damit, dass sie von dem Vorfall zu stark betroffen seien, um darüber zu sprechen. Ich wendete mich darüber hinaus an Organisationen wie z. B. Weißer Ring e.V., Philologenverband, Gewerkschaft für Erziehung und Wissenschaft, Beschwerdestelle für Internet-Mobbing, schulpsychologische Dienste etc.

Schließlich konnte ich vier Betroffene für die Interviews gewinnen: Ein männlicher Jugendlicher (24 Jahre) und eine weibliche Jugendliche (18 Jahre) sowie ein Lehrer und eine Lehrerin waren bereit die Fragen zu beantworten.

5.2.4 Durchführung

Die Interviews führte ich im Zeitraum von 12. November 2007 bis 6. Februar 2008 durch. In den ersten drei Fällen fand das Interview zu Hause bei den Befragten statt, das vierte Interview führte ich telefonisch durch. Gerade bei einem sensiblen Thema ist es wichtig, dass das Interview in einer gewohnten und vertrauensvollen Atmosphäre stattfindet. So wurde auch dem Gütekriterium qualitativer Forschung, der möglichst nahen Anknüpfung an die Alltagswelt der Opfer, Rechnung getragen (vgl. Mayring 2002, 146).

Um eine vertrauensvolle Situation zu schaffen, bedankte ich mich zuerst bei dem Interviewten für die Bereitschaft, am Interview teilzunehmen und sicherte ihm absolute Anonymität zu. Danach stellte ich mich kurz vor. Daraufhin begann das Interview mit der Bitte, von dem jeweiligen Vorfall zu berichten. Die Reihenfolge und der Umfang der Beantwortung der Kategorien ergaben sich dabei aus dem Gesprächsverlauf. Erwähnte der Interviewte eine Kategorie nicht, so habe ich danach gefragt. Die Interviews wurden mit einem digitalen Aufnahmegerät aufgezeichnet.

Für die Auswertung ordnete ich den Opfern willkürlich geläufige Namen – den Jugendlichen Vornamen, den Lehrern Nachnamen – zu.

5.2.5 Verfahren der Datenauswertung

5.2.5.1 Datenaufbereitung

Ebenso wie die Experteninterviews wurden auch diese Interviews transkribiert. Dies erfolgte nach dem oben beschriebenen Transkriptionssystem. Im Vordergrund stand auch hier die Lesbarkeit der Transkripte. Dies ermöglicht zum einen eine ökonomische Arbeitsweise und zum anderen eine bessere Konzentration auf die Äußerungen der Opfer.[42]

5.2.5.2 Analyse der Interviews

Es gibt eine Vielzahl verschiedener Auswertungsmöglichkeiten von qualitativen Interviews (vgl. u. a. Lamnek 2005, 402-407, Schmidt 2003, 544-568, Witzel 1982, 53-65). Dabei gibt es keinen allgemein anerkannten Königsweg. „Welche Auswertungstechniken für Leitfadeninterviews im Rahmen einer Untersuchung gewählt werden, hängt von der Zielsetzung, den Fragestellungen und dem methodischen Ansatz ab – und nicht zuletzt davon, wie viel Zeit, Forschungsmittel und personelle Ressourcen zur Verfügung stehen" (Schmidt 2007, 447). Die vorliegende Untersuchung orientiert sich bei der Analyse der Opfer-Interviews an der Methode der qualitativen Inhaltsanalyse nach Mayring (2007). Vorteil der Inhaltsanalyse ist „die systematische, intersubjektiv nachvollziehbare Bearbeitung großer Materialmengen" (Mayring & Hurst 2005, 436). Dabei ist das Ziel, die Komplexität der Interviews zu reduzieren und ihre Inhalte zu strukturieren.

Die drei Grundformen der qualitativen Inhaltsanalyse sind Zusammenfassung, Explikation und Strukturierung. Hier wurde die strukturierende Inhaltsanalyse durchgeführt, denn es ging darum, die relevanten Aspekte aus dem Material zu sondieren und unter im Vorfeld festgelegten Kriterien einen Querschnitt durch das Material zu legen (vgl. Mayring 2007, 58). Das Kategoriensystem für die Inhaltsanalyse wurde dabei induktiv-deduktiv entwickelt. Zunächst wurden die Kategorien aus den Vorüberlegungen zu reziproken Effekten und der bisherigen Literatur über Cyber-Mobbing abgeleitet. So genannte Ankerbeispiele, konkrete Textstellen, die unter eine Kategorie fallen und als Beispiel für diese dienen, habe ich bei der Auswertung bei der Vorstellung der jeweiligen Kategorie miteinbezogen (vgl. Mayring 2002, 118). Die vorhandenen Kategorien wurden durch weitere Kategorien ergänzt, die sich bei systematischer Auseinandersetzung mit dem Material ergaben. Diese Vorgehensweise hält sich zum einem an das Prinzip der Offenheit qualitativer Forschung, zum anderen an den Grundsatz, dass qualitativ entwickelte Konzepte empirisch begründet und theoretisch fundiert sein müssen (vgl. Mayring 2002, 27-30).

---

[42] Es ließe sich zwar argumentieren, dass bei den Opfern nonverbale Äußerungen (Gestik, Mimik etc.), Veränderungen der Stimmlage, Räuspern u. ä. bei der Auswertung berücksichtig werden müssen. Dies war zum einen im Rahmen der Arbeit, zum anderen ohne psychologische Vorbildung nicht möglich.

Im Anschluss an die Kategorisierung der Interviews folgt eine Darstellung der Einzelfälle, die gleichzeitig die Interpretation der erhobenen Daten darstellt. Daran schließt sich eine fallübergreifende Interpretation an, die Gemeinsamkeiten und Unterschiede hervorheben soll.

6. Ergebnisse

Im Anschluss an die Darstellung des aktuellen Forschungstandes stellen Kowalski et al. (2008, 88) fest: „We need to know more about who does what to whom with what effect." Diese an die Lasswell-Formel angelehnte Aussage dient als Orientierung für den empirischen Teil dieser Arbeit, denn im Rahmen der Experten- und Opferinterviews werden die Täter („who"), die Opfer („to whom") und die Auswirkungen („what effect") auf diese untersucht. Zusätzlich erfolgen eine Charakterisierung sowie eine Begriffsbestimmung von Cyber-Mobbing. Dabei beginne ich mit den Ergebnissen der Experteninterviews. Welche Auswirkungen Cyber-Mobbing auf die Opfer hat, wird im Anschluss daran beantwortet.

6.1 Experten

Die Auswertung beginnt mit einer Begriffsklärung von Cyber-Mobbing. Daraufhin erörtern die Experten die Unterschiede von Cyber-Mobbing und traditionellem Mobbing, d. h. sie beschreiben die Charakteristika von Cyber-Mobbing. Im weiteren Verlauf wird das Verhalten der jugendlichen Täter untersucht. Bevor abschließend auf die Ursachen von Cyber-Mobbing eingegangen wird, soll die Experteneinschätzung der Auswirkungen auf die Opfer dargelegt werden.

6.1.1 Definition

Bei Cyber-Mobbing geht es nach Ansicht der Experten zunächst um Beleidigungen, Bedrohungen, Bloßstellungen etc. über Handy oder Internet. Sie beziehen sich bei der Begriffsbestimmung auf die Definition von traditionellem Mobbing. Experte 2 begründet diese Vorgehensweise folgendermaßen: „If you take the 'cyber' part out, cyber bullying is still bullying, just updated for this place and time. Cyber bullying is characterised by the same concepts of power and control seen in the traditional form of bullying." So definiert auch Experte E, Pädagoge, das Phänomen als Mobbing über ein Medium. Etwas detaillierter bezeichnen Experte F und H Cyber-Mobbing als Bloßstellen oder Herabwürdigen einer Person mit den Möglichkeiten der Neuen Medien. Experte B, Psychologe, führt die Nutzung „von elektronischen Medien, um andere Personen in ihrem Ruf zu schädigen, sie zu diskriminieren, ihnen oder ihren sozialen Beziehungen Schaden zuzufügen" als Definition an. Auch Expertin 7 bezieht sich auf traditionelles Mobbing: „Similar to off-line bullying, it is required to be repetitive, over time, and inclusive of an in-balance of power."

Die Chatexpertin I schlägt vor, ebenso wie bei traditionellem Mobbing zwischen verbalem, psychischem und körperlichem Mobbing zu unterscheiden. Um verbales Mobbing handele es sich, wenn jemand im Chat beleidigt oder beschimpft werde und psychisches Mobbing, wenn Gerüchte über einen anderen verbreitet werden. Körperliches Mobbing ist zwar direkt – so wie bei traditionellem Mobbing z. B. durch Schlagen – nicht möglich, spielt jedoch indirekt auch bei Cyber-Mobbing eine Rolle, beispielsweise indem eine solche Szene gefilmt und dann im Internet online gestellt wird (Happy Slapping).

Auf eine allgemeine Schwierigkeit weist Expertin C, Leiterin des Mobbingforums, hin, denn sie ist sich „nicht so sicher, ob die Definition [von traditionellem Mobbing] so hundertprozentig passt." Sie fügt jedoch hinzu, dass sie noch keine eigenen Ansätze hat.

Um traditionelles Mobbing von anderen Formen der Gewalt abzugrenzen, werden die Merkmale „Aggressionen über einen längerer Zeitraum" und ein „unausgeglichenes Kräfteverhältnis zwischen Opfer und Täter" angegeben. Diese Merkmale sollen nun bezogen auf Cyber-Mobbing betrachtet werden, um herauszufinden, ob die Definition von traditionellem Mobbing auch für Cyber-Mobbing geeignet ist.

Ab welchem Zeitpunkt kann man von Cyber-Mobbing sprechen? Bei einem einmaligen Vorfall würden die Experten das nicht tun: „Einmal, das würde ich dann so werten, dass da jemand ein neues Medium ausprobieren will" (Experte A). Aber „ab zwei Mal aufwärts ist für mich schon Cyber-Mobbing" (Experte E). Diese Ansicht vertreten auch die Experten D und A, Mitarbeiter eines Landesmedienzentrums. Dabei zeigt sich, dass man in der virtuellen Welt schneller von Mobbing sprechen kann, als dies bei traditionellem Mobbing der Fall ist. Expertin D, Mitarbeitern der Beschwerdestelle für Cyber-Mobbing, erklärt den Grund dafür: Einträge, Bilder oder Videos sind immer wieder abrufbar und dauerhaft gespeichert. Für das Opfer erscheinen diese möglicherweise als sich wiederholende Vorfälle, da es weiß, dass ein Video beispielsweise bei YouTube jederzeit angeschaut werden kann. Damit hängt auch ein weiterer Aspekt zusammen, der von Expertin C angesprochen wird: die Öffentlichkeit der Vorfälle. So fragt sie sich: „Wann fängt das Mobbing an? Fängt das Mobbing an, wenn man das Bild bearbeitet oder fängt es an wenn man es öffentlich macht?" Die Antwort gibt sie direkt im Anschluss: „Ich denke, es fängt an, wenn man es öffentlich macht." Weitere Experten gehen ebenfalls auf diesen Aspekt ein. Auch wenn der Großteil der Experten die Definition von traditionellem Mobbing zugrunde legt, erwähnen sie zusätzliche spezielle Eigenschaften von Cyber-Mobbing.

Die Experten erkennen bei Cyber-Mobbing ein Kräfteungleichgewicht zwischen Täter und Opfer, da es für das Opfer auch hier sehr schwer ist sich zu verteidigen. Sie vertreten dabei jedoch unterschiedliche Ansätze. Ausgehend von der Annahme, dass Cyber-Mobbing mit den Merkmalen von traditionellem Mobbing definiert werden kann, sind die Experten E und I der Ansicht, dass Cyber-Mobbing grundsätzlich deshalb ausgeführt wird, um Macht über andere Personen zu erlangen. Daher suchen sich die Täter auch in der virtuellen Welt schwächere Opfer, um ihre Machtposition zu stärken. Wie oben bereits erwähnt vertreten diese Ansicht auch die Experten 2 und 7. Das Ungleichgewicht entspräche somit dem des traditionellen Mobbings. Die Experten B und 6 teilen diese Ansicht nicht. Ihrer Meinung nach unterscheidet sich das Kräfteungleichgewicht von traditionellem Mobbing und ergibt sich durch die Merkmale von Cyber-Mobbing. Denn während der Täter dem Opfer beim traditionellen Mobbing körperlich oder psychisch überlegen sei, müsse dies bei Cyber-Mobbing nicht der Fall sein. Auch das Beispiel Lehrermobbing zeige, dass es sich um eine andere Form von Macht handelt. Diese Experten sprechen somit von einer Art technischer Macht, die sich aus den Möglichkeiten von Cyber-Mobbing ergibt, so kann z. B. anonym und jederzeit gemobbt werden. Der Täter muss zusätzlich über technische Kompetenzen verfügen, dem Opfer dabei jedoch nicht überlegen sein. Experte B bezeichnet diese Art von Macht als „Informationsmacht."

> „Wenn jetzt jemand am PC gewiefter und findiger ist und eben entsprechend auch Materialien beschaffen kann, das dann ins Netz stellen kann und damit jemand anderen mobbt, dann kann das durchaus eine körperlich sehr schwache Person sein, eine auch möglicherweise sprachlich weitgehend defizitär ausgestattete Person, nur in dem Bereich hat sie halt Kompetenzen" (Experte B).

> „There is typically an "imbalance of power" with traditional bullying where the perpetrator is more powerful than the target either by being stronger, bigger, older, more popular, smarter, or having a group targeting one individual. Cyber bullying looks a little different. A less popular or powerful individual may use the anonymity of the Internet to target a more powerful individual. However we would argue that the anonymity of the Internet combined with the ability to reach many people at once allows for a type of "power" that is often abused" (Expertin 6).

Es erscheint sinnvoll sich für die Definition von Cyber-Mobbing an dem Konzept von traditionellem Mobbing zu orientieren, es müssen dabei jedoch die Besonderheiten von Cyber-Mobbing berücksichtigt werden, wodurch sich bei Cyber-Mobbing Veränderungen bei den betrachteten Merkmalen ergeben. Expertin D macht deutlich, dass daher Kommunikationsformen, die im Alltag nicht unter Mobbing fallen (z. B. Klatsch), dadurch, dass sie nun öffentlich stattfinden zu Cyber-Mobbing werden können: „[…] wenn man nur über einen Lehrer auf dem Schulhof spricht, würde man das vielleicht noch akzeptieren. Wenn man das Gleiche im Internet macht und viele das sehen, dann ist es durchaus auch schon ein Mobbing."

So ergibt sich folgende Definition: *Cyber-Mobbing ist die Nutzung von Handy- oder Internetanwendungen, wie z. B. Foren, Weblogs oder Instant Messenger, um andere Personen zu diffamieren, sie bloßzustellen oder ihren sozialen Beziehungen Schaden zuzufügen. Dies kann in schriftlicher Form, durch Anrufe auf das Handy, mit Fotos oder per Videos stattfinden. Dabei ist der Täter dem Opfer überlegen, denn das Opfer hat nur geringe Möglichkeiten sich zu verteidigen. Werden solche Aggressionen mehr als zwei- oder dreimal über öffentliche Kanäle verbreitet, spricht man von Cyber-Mobbing.*

6.1.2 Merkmale

Diese bei der Begriffsbestimmung bereits erwähnten Charakteristika von Cyber-Mobbing sollen nun systematisch dargestellt werden. Von Interesse sind dabei die Veränderungen, die sich bei Cyber-Mobbing gegenüber traditionellem Mobbing ergeben. Die von den Experten erörterten Veränderungen lassen sich in neun Kategorien zusammenfassen. Ein Teil dieser Kategorien entspricht den Merkmalen der computervermittelten Kommunikation (vgl. Kap. 3.1.2), d. h. den Veränderungen der computervermittelten Kommunikation gegenüber Face-to-Face-Kommunikation. Weitere Kategorien konnten zusätzlich aus den Interviews gewonnen werden. Diese Merkmale stellen keine trennscharfen Kategorien dar, sondern stehen teilweise in wechselseitigem Zusammenhang. Da sie einen guten Überblick über das Phänomen verschaffen, sollen sie trotzdem einzeln aufgeführt werden.

6.1.2.1 Medium

Cyber-Mobbing findet über ein Medium statt. Die Vorsilbe „Cyber-" meint hierbei die Verwendung von Internet und Handy. Der Täter benötigt somit einen Computer mit Internetzugang oder ein Handy für das Ausüben von Cyber-Mobbing. Experte E und 1 fügen hinzu, dass daher zwischen Opfer und Täter kein Face-to-Face-Kontakt besteht: „With cyberbullying, the offender doesn't have to immediately deal with the target – there is no immediate face-to-face interaction" (Experte 1).

6.1.2.2   Text, Bild und Video

Die meisten Internetanwendungen finden in schriftlicher Form statt. Das bedeutet, dass das Opfer die Beleidigungen, Diffamierungen etc. als geschriebenes Wort liest und nicht wie bei verbalem Mobbing als gesprochenes Wort wahrnimmt. Zusätzlich können bei Cyber-Mobbing diffamierende Bilder und Videos eingesetzt werden. Das bedeutet, dass nonverbale Zeichen (z. B. Rotwerden) nicht direkt übermittelt werden können.

6.1.2.3   Unsichtbarkeit

Dieses Merkmal wird von fast allen deutschen und angloamerikanischen Experten angesprochen: Täter und Opfer sind füreinander nicht sichtbar. Es besteht zwischen ihnen kein direkter Kontakt. Das bedeutet für den Täter, dass ihm die Reaktion des Opfers verborgen bleibt. Die Experten weisen daraufhin, dass der Täter bei traditionellem Mobbing in den meisten Fällen an der Reaktion des Opfers sieht, dass er diesem Schaden zugefügt hat. Bei Cyber-Mobbing bekomme man keine sichtbare Rückmeldung und sehe daher die Auswirkung auf das Opfer nicht.

Die Unsichtbarkeit im Internet bringt auch Veränderungen für das Opfer mit sich. Zeichen, wie z. B. Körpersprache oder soziale Merkmale des Täters, sind nicht sichtbar. Bei anonymen Mobbing weiß das Opfer daher nicht, wer hinter der Tat steckt.

> „[…] ein Problem denke ich ist, dass es sicherlich anonym ist, dass die Opfer oft nicht wissen, wer die Täter sind, obwohl die Täter häufig aus dem eigenen Umfeld stammen. Sagen wir mal aus der eigenen Schule, aus der Parallelklasse, oder sogar aus der eigenen Klasse. Aber sie sind einfach über diese Anonymität nicht identifizierbar" (Expertin I).

Nach Ansicht der Experten ist die Möglichkeit anonym mobben zu können die bedeutendste Veränderungen im Vergleich zum traditionellen Mobbing.

> „[…] den wesentlichen Unterschied sehe ich in der vermeintlichen Anonymität: Man steht sich nicht direkt gegenüber. Man muss sich auch nicht irgendwo offen zeigen oder gar rechtfertigen. Man hat auch keine Rückmeldung" (Experte H).

6.1.2.4 Unabhängig von Zeit und Raum

Cyber-Mobbing zeichnet sich weiterhin dadurch aus, „dass man unabhängig von Zeit und Raum jemanden belästigen und bedrohen kann" (Experte A). Cyber-Mobbing ist „nicht mehr situationsgebunden, [...] dass er [das Opfer] in der Pause drangsaliert wird oder dann im Bus. Es ist jederzeit möglich, wenn ich Freizeit habe" (Experte G). Mobbing findet also nicht nur während der Schulzeit oder auf dem Heimweg statt, sondern auch im privaten Bereich.

Der Großteil der deutschen und angloamerikanischen Experten weist darauf hin, dass Mobbing dadurch allgegenwärtig ist und das Opfer kaum Rückzugsmöglichkeiten hat. „The cyberbullying can be ongoing – 24/7" (Expertin 5). Während man bei traditionellem Mobbing noch Möglichkeiten hat, sich den Peinigern zu entziehen, man zur Not die Klasse oder die Schule wechseln kann, ist es bei Cyber-Mobbing kaum möglich, den Vorfällen zu entkommen, wenn der Täter nicht aufhört zu mobben.

„[...] bei dem klassischen Mobbing [...] hat man zumindest die Möglichkeit zu flüchten. Das heißt, wenn man nach Hause geht und sich in sein Zimmer einschließt, dann ist man davor abgeschirmt, nicht geschützt, aber abgeschirmt, während das eben beim Cyber-Mobbing nicht der Fall sein kann" (Experte B).

Durch dieses Merkmal verändert sich auch die Mobbingsituation. Täter und Opfer befinden sich in den meisten Fällen nicht an einem Ort, sondern sind räumlich voneinander getrennt, beispielsweise jeweils im eigenen Zimmer am Computer. So können die Ausführung von Mobbing und die Realisierung der Tat durch das Opfer zeitlich auseinander liegen. Dies ist der Fall, wenn sich das Opfer z. B. in ein Forum einloggt und dann eine verletzende Nachricht liest.

6.1.2.5 Kein gemeinsamer Handlungskontext

Da Täter und Opfer nicht physisch anwesend sind, verfügen sie auch über keinen gemeinsamen Kontext oder Handlungshintergrund. Dadurch fällt es schwerer, Einträge richtig zu interpretieren. „It also is more difficult to understand intent and to escalate things when they do not need to be (e.g., misinterpreting tone)" (Expertin 7). Es kann sich bei dem Täter sogar um einen Fremden oder eine Online-Bekanntschaft handeln. Da kein gemeinsamer Handlungskontext vorhanden ist, weist Experte E darauf hin, wird zwischen Täter und Opfer eine Distanz geschaffen.

6.1.2.6 Dauerhaftigkeit

Alle Diffamierungen, die im Internet verbreitet werden, bleiben aufgrund der Digitalisierung der Daten dauerhaft dokumentiert und gespeichert, unabhängig davon, ob sie in Form von Schrift, Bild oder Video übermittelt werden. Im Gegensatz zu traditionellem Mobbing bleiben Cyber-Mobbingfälle somit über einen längeren Zeitraum erhalten. Selbst wenn die Einträge gelöscht werden, bleiben sie weiterhin gespeichert. Darüber hinaus hat man keine Kontrolle darüber, wer sich den Inhalt schon kopiert bzw. heruntergeladen hat. Sobald der Text, das Bild oder das Video ins Internet gestellt wird, hat der Täter es nicht mehr selbst in der Hand, was damit geschieht. Die Vorfälle lassen sich daher nicht mehr stoppen und man kann die Tat in den meisten Fällen nicht mehr „zurücknehmen". Experte E weist darauf hin, dass ein kleiner Jugendstreich dadurch völlig andere Dimensionen bekommt. Aus diesen Gründen, so Expertin C, sei Cyber-Mobbing auch viel schwieriger zu beenden.

Daher zeichnet sich Cyber-Mobbing dadurch aus, „dass Opfer das vielleicht sehr viel länger abkriegen als beim direkten Mobbing. Da kann man es im Grunde von einem Tag auf den anderen beenden, wenn jemand dazwischen geht und was tut. Das kann man da teilweise nicht. Wenn Dinge zirkulieren, dann sind sie da" (Expertin D). Experte 1 weist auf einen Vorteil gegenüber traditionellem Mobbing hin, der sich durch die Digitalisierung der Daten ergibt: So kann Mobbing einfacher nachgewiesen werden, indem man die Einträge ausdruckt und Erwachsenen zeigt.

> „With cyberbullying [...] there is almost always evidence of cyberbullying whereas there is not necessarily evidence with traditional bullying. If I call you fat and ugly there is no evidence except for your word against mine. If I send you a text message saying you are fat and ugly, there is written text as evidence" (Experte 1).

6.1.2.7 Größere Reichweite

Aufgrund der Digitalisierung der Daten kann der Täter bei Cyber-Mobbing leichter ein viel größeres Publikum erreichen, denn „[...] es werden ja nicht nur unbedingt Mitglieder des eigenen Netzwerks berührt und informiert und kommen mit dem Material in Kontakt, sondern letztendlich jeder weltweit" (Experte B). Bei öffentlichem Mobbing ist der Vorfall theoretisch für jeden einsehbar, im Gegensatz zu traditionellem Mobbing, bei dem nur die beteiligten Personen von dem Vorfall erfahren. Wie schon bei dem Merkmal „Unabhängigkeit von Zeit und Raum" beschrieben, verlässt das Mobbing den Ort

Schule und ist für Eltern, Freunde, Bekannte und auch für fremde Personen einsehbar. „Due to the mediums used (mobile phones/internet) cyber bullies are able to communicate their hurtful messages very quickly and to a much wider audience" (Experte 2). Dadurch hat das Opfer keine Möglichkeiten, den Vorfall in einem bestimmten Rahmen zu halten. Das bedeutet, dass „[...] die Anzahl von möglichen Adressaten viel, viel größer ist. So hat man, was die Face-to-Face-Kommunikation angeht, ein gewisses Spektrum an Leuten, mit denen man Kontakt hat. [...] hier hat man über das Internet eine wahnsinnig große, größtenteils auch anonyme Rezipientenschaft, man weiß dann plötzlich gar nicht mehr, wie so was unter Kontrolle zu bringen ist" (Experte F). Die größere Reichweite bezieht sich aber nicht nur auf ein potenziell größeres Publikum, sondern auch auf die Anzahl an möglichen Opfern.

> „Das ist auch ein Unterschied, dass im Grunde genommen einer, der es drauf anlegt, Dutzende oder Hunderte von anderen auf die Art und Weise an den Pranger stellen kann. Und das ist, glaube ich, auch ein Unterschied, dass sozusagen nicht nur individuell keine Grenzen da sind, sondern auch technisch keine Grenzen da sind" (Experte G).

> „Cyberbullying is more viral than traditional bullying – it is easier to disseminate hurtful comments to a large number of people" (Experte 1).

Cyber-Mobbing hat damit bezogen auf die Opfer und auf die Zuschauer, einen wesentlich höheren Verbreitungsgrad als traditionelles Mobbing.

6.1.2.8 Geringe Unterstützungsmöglichkeiten der Zuschauer

Bei traditionellem Mobbing kommt den Zuschauern eine entscheidende Rolle zu. Sie können durch ihr Verhalten den Mobbingprozess beeinflussen; beispielsweise in eine positive Richtung, indem sie dem Opfer zu Hilfe kommen. Da Zuschauer bei Cyber-Mobbing nicht direkt anwesend sind, ist es den Experten zufolge für sie schwieriger, in das Geschehen einzugreifen und dem Opfer zu helfen.

Besonders für Erwachsene sei es, Expertin C zufolge, bei Cyber-Mobbing unter Jugendlichen noch schwieriger einzugreifen als bei traditionellem Mobbing, da sie zum einen oft keinen Zugriff auf das Handy oder den PC der Jugendlichen haben, zum anderen an den „virtuellen Orten", an denen solche Vorfälle passieren, nicht präsent sind. Bei privater Kommunikation, z. B. im Chat kann die Tat von Außenstehenden überhaupt nicht beobachtet werden.

Ein weiteres Problem hierbei ist, nach Ansicht von Expertin C und Experte E, dass Erwachsenen das Verständnis fehlt, Cyber-Mobbing als Mobbing

zu erkennen: „[...] also ich denke, dass die Eltern dies erheblich unterschätzen. Auch deshalb unterschätzen, weil sie sich in den meisten Fällen gar nicht
bewusst sind, was Cyber-Mobbing bedeutet und zu welchen Konsequenzen
das führt." Erwachsene können dann auch nicht eingreifen, weil sie zusätzlich
das Verhalten ihrer Kinder in der virtuellen Welt nicht nachvollziehen können. „Wahrscheinlich hat man noch nicht einmal die Eltern auf seiner Seite,
weil die dann sagen: ,Ich hab dir immer schon gesagt, du sollst nicht so lange
am Computer sitzen" (Expertin C). Experte 1 weist auch daraufhin, dass es
für Eltern oft schwierig ist, ihrem Kind aufgrund mangelnder Kompetenzen
zu helfen, denn „Cyberbullying is often more difficult for parents to deal with
because they are less proficient on the computer and with cell phones."

6.1.2.9 Wehrlosigkeit des Opfers

Wie auch schon bei der Definition von Cyber-Mobbing beschrieben, hat das
Opfer kaum Möglichkeiten sich zu wehren. Dies ist zwar ein elementares
Kennzeichen von traditionellem Mobbing, einige Experten schätzen die
Wehrlosigkeit bei Cyber-Mobbing jedoch noch stärker ein. „[...] davor kann
man nicht mehr weglaufen, selbst ein Umzug oder ein Wechsel der Schule ist
ja im globalen Dorf nicht mehr möglich. Also dieses besondere Hilflosigkeits-
erleben, das wird häufig hervorgehoben." (Experte B). Den Experten zufolge
ergibt sich diese Wehrlosigkeit der Opfer aus den oben genannten Merkmalen.
Das Opfer hat weniger Möglichkeiten direkt darauf zu reagieren und die Inhalte richtig zu stellen oder sie zu verändern. Das Opfer hat kaum Rückzugsmöglichkeiten, da Mobbing jederzeit stattfinden kann. Täter und Opfer müssen sich auch nicht am gleichen Ort befinden. Darüber hinaus kann es vorkommen, dass das Opfer erst viel später von dem Mobbingfall erfährt. Es hat
keine Kontrolle, wer über den Vorfall informiert ist. Ein weiterer Aspekt der
Wehrlosigkeit ist, dass es für Zuschauer noch schwieriger ist, dem Opfer zu
helfen.

6.1.3 Täter

In diesem Kapitel werden die Jugendlichen beschrieben, die andere Personen
über das Internet oder Handy mobben. Dabei sollen keine verschiedenen Typen von Tätern charakterisiert, sondern das Verhalten der Jugendlichen soll

analysiert werden.[43] Die Experten unterscheiden dabei die Intention, das Verhalten in der Situation und schließlich die Konsequenzen, die aus dem Cyber-Mobbing resultieren. Die Konsequenzen können in von den Jugendlichen intendierte und nicht intendierte unterteilt werden (vgl. Abb. 2).

Abb. 2: Cyber-Mobbingprozess: Intention, Verhalten und Konsequenzen

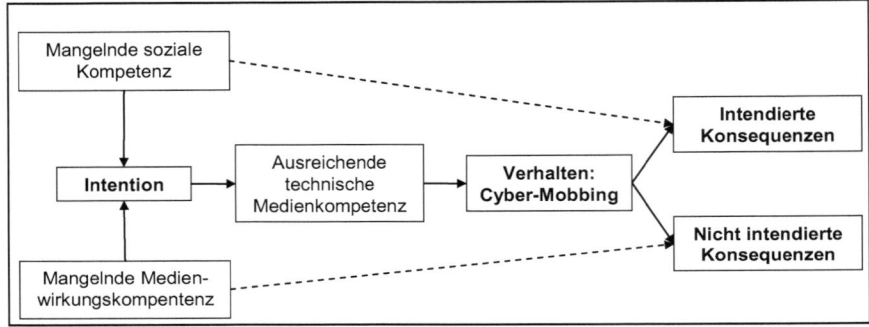

Quelle: eigene Darstellung

Die Intention der Jugendlichen ist den Experten zufolge eindeutig negativ. Auch bei Cyber-Mobbing steckt hinter der Tat die Absicht, einer anderen Person zu schaden. Jugendliche, die beispielsweise ein Hinrichtungsvideo ihres Lehrers bei Youtube online stellen, wollen sich an diesem Lehrer rächen. Es ist ihnen nach Ansicht der Experten bewusst, dass das Video damit für viele Personen zu sehen ist. „[...] wenn ich das ganz gezielt mache, um jemanden zu schaden, dann will ich ja auch, dass andere das mitkriegen" (Experte F). Zurückzuführen ist dies, analog zu traditionellem Mobbing, auf eine mangelnde soziale Kompetenz, beispielsweise auf eine positive Einstellung zu Gewalt. Experte F, Kommunikationswissenschaftler, spricht dabei auch ethische Aspekte an: „Das liegt hier nicht an einer Medienkompetenz, sondern es liegt daran, dass eine moralische Kompetenz gefragt ist, die über Medien hinausgeht."

Auf technischer Ebene seien die Jugendlichen dagegen sehr versiert. Die Experten sind sich einig, dass sie über eine hohe technische Medienkompetenz verfügen. Dieser Begriff bezieht sich auf die Dimension der Medienkunde innerhalb des Medienkompetenz-Modells von Baacke. Es geht darum, über

---

[43] Dafür stellen Experteninterviews nicht die geeignete Methode dar. Dies kann beispielsweise in einer Befragung jugendlicher Täter erfolgen.

die Fertigkeiten zu verfügen, die Geräte technisch bedienen zu können.[44] Ohne diese technische Medienkompetenz wären die Jugendlichen nicht in der Lage Cyber-Mobbing auszuführen: „Aber leider benutzen sie diese Medienkompetenz um ihre kriminelle Energie auszuleben" (Experte A). In der bisherigen Betrachtung entsprechen die Intention und das daraus resultierende Verhalten der Jugendlichen bei Cyber-Mobbing denen des traditionellen Mobbings. Daraus folgen die von den Jugendlichen intendierten Konsequenzen. In dem oben genannten Beispiel wollen sich die Jugendlichen an ihrem Lehrer rächen. Experte F ist sich sicher, dass sie wissen, dass sie damit gewisse Grenzen überschreiten.

Da Cyber-Mobbing über ein öffentliches Medium stattfindet, müssen bei diesem Prozess internetspezifische Aspekte berücksichtigt werden. Dabei sind sich die Experten einig, dass sich die Jugendlichen der mit der Veröffentlichung verbundenen Veränderungen nicht bewusst sind. Sie machen sich keine Gedanken über die gesamte Tragweite ihres Verhaltens.

> „The online environment encourages an act-first-think-later (or never) atmosphere resulting in students not considering consequences of their actions" (Experte 3).

> „Sie sind sich bewusst ob der Tatsache, jetzt jemandem etwas auszuwischen oder etwas Schlimmes gegen eine Person zu tun, aber sie sind sich nicht darüber bewusst, welche Konsequenzen dies hat" (Experte E).

> „Dass sie etwas tun, was nicht okay ist, das unterstelle ich mal einem Mensch, der normal sozialisiert ist, dass er weiß, dass das eine Grenzüberschreitung ist. [...] nur die gesamte Tragweite, ob die einem so bewusst ist? (Experte H).

> „[...] bei beiden Fällen an meiner Schule haben sie [die Täter] gesagt: ,Wenn sie das gewusst hätten, hätten sie das nie gemacht'" (Experte G).

Daraus resultieren zusätzliche, von den Jugendlichen nicht intendierte Konsequenzen. Hierzu zählen die Experten zum einen die Auswirkungen auf die Opfer: Während die Täter andere über das Internet mobben, machen sie sich nicht klar, was das für diese Person bedeutet. Sie haben zwar die Intention einer anderen Person Schaden zuzufügen, jedoch nicht in diesem Ausmaß.

---

[44] Experte B weist darauf hin, dass die Jugendlichen zwar technisch kompetent sein müssen, „sie müssen aber nicht unbedingt kompetenter sein als das Opfer." Das bedeutet, im Gegensatz zu traditionellem Mobbing, bei dem der Täter dem Opfer körperlich oder verbal überlegen ist, muss dies bei Cyber-Mobbing nicht der Fall sein. Die Macht des Täters über das Opfer ergibt sich, wie oben beschrieben, aus den Merkmalen von Cyber-Mobbing, beispielsweise durch die mögliche Anonymität. Das Opfer kann technisch noch versierter sein als der Täter, in den meisten Fällen nützt ihm das nichts.

„Also, das ist, denke ich, ein Nebeneffekt, der es den Opfern schwerer macht, aber von den Tätern nicht geplant und nicht gewollt ist" (Expertin C). Sie machen sich nicht bewusst, was es für das Opfer bedeutet, öffentlich gemobbt zu werden. Die Experten gehen davon aus, dass das Empathievermögen der Täter dabei eingeschränkt ist.[45]

Zum anderen folgen weitere nicht intendierte Konsequenzen, für die den Jugendlichen das Bewusstsein fehlt. Experte G, Schulleiter, macht das an dem Beispiel der Jugendlichen deutlich, die über das Internet Amokläufe angekündigt haben. Sie seien sich nicht bewusst, welche Folgen diese Aussagen haben, was z. B. passieren kann, wenn ein Journalist die Einträge ernst nimmt und verbreitet. Auch sei ihnen nicht klar, dass sie sich durch ihr Verhalten teilweise strafbar machen.

Bei Cyber-Mobbing über einen öffentlichen Kanal produzieren die Jugendlichen somit Medieninhalte, die wiederum Medienwirkungen verursachen. Sie verfügen jedoch nicht über eine ausreichende Kompetenz, diese Medienwirkungen und die daraus resultierenden Folgen einzuschätzen. Sie lösen bei den Opfern reziproke Effekte aus, die sie selbst nicht nachvollziehen können. Dies wird im Folgenden als „Medienwirkungskompetenz" bezeichnet,[46] die ebenso die Intention Cyber-Mobbing auszuführen beeinflusst. „Die [Medienwirkungskompetenz] ist dann vermutlich nicht da. Sonst würde man das als Scherz machen und das vielleicht noch seinem Freund schicken, aber auf keinen Fall ins Internet stellen" (Expertin C). Diese oben beschriebenen nicht intendierten Konsequenzen sind somit auf eine mangelnde Medienwirkungskompetenz der Jugendlichen zurückzuführen.

Wichtig ist jedoch zu bedenken, dass sich nach Einschätzung der Experten dieses Modell nicht für alle jugendlichen Täter verallgemeinern lässt. Die Experten betonen, dass die Jugendlichen differenziert betrachtet werden müssen. Es gibt Jugendliche, die sich der Tragweite ihres Handelns bewusster sind als andere. Des Weiteren macht Expertin I darauf aufmerksam, dass es Jugendli-

---

[45] Ein Teil der Experten vermutet, dass sich dies durch die Merkmale von computervermittelter Kommunikation verringert, beispielsweise durch die Unsichtbarkeit von Täter und Opfer. Experte B dagegen weist daraufhin, dass der Gegenteil der Fall sein sollte, da die Jugendlichen bei Cyber-Mobbing die Möglichkeit haben, ihre Taten im Internet zu verfolgen. Daher sollte ihnen ihr Handeln eigentlich noch deutlicher werden als bei traditionellem Mobbing: „Aber die können ja ihre Schandtaten selber dann im Netz verfolgen. Also, es ist ja nicht so, dass das nur in die Welt hinausposaunt wird und dann weiß man nicht, was los ist, sondern sie sind immer wieder geneigt ihren Nachlass selber anzugucken" (Experte F). Er und auch Experte H, Polizist, stellen sich die Frage, ob Empathiefähigkeit unter Jugendlichen möglicherweise allgemein abnimmt.

[46] Auch hier merkt Experte F kritisch an, dass das Problem, die Folgen seines Handelns nicht zu bedenken, sowohl in der realen als auch in der virtuellen Welt auftritt, denn er betont, „dass wir immer bedenken müssen, dass unser Handeln Folgen hat. Ob ich das über Medien mache oder nicht, das ist erst einmal zweitrangig" (Experte F). Da es bei Cyber-Mobbing jedoch um ein Verhalten der Jugendlichen im Internet geht, wird hier ausschließlich die Wirkungskompetenz im Internet betrachtet.

che gibt, die nur im Internet zum Täter werden, beispielsweise sich für eine Offline-Viktimisierung rächen wollen. Es gibt aber auch Jugendliche, die sowohl Online- als auch Offline-Täter sind.

6.1.4 Ursachen

In diesem Kapitel wird nun einen Schritt weiter gegangen und die Experten betrachten ausführlich die Ursachen für Cyber-Mobbing. Dabei soll berücksichtigt werden: „Wenn Internet-Nutzung unerwünschte Effekte zeigt, sind [...] situationsspezifische Interventionen auf sozialer ebenso wie auf technischer Seite ins Auge zu fassen" (Döring 2003, 553). Dementsprechend lassen sich die Ansätze der Experten in zwei unterschiedliche Positionen aufteilen. Gruppe 1, die *Medienskeptiker*, konzentriert sich bei ihrer Argumentation verstärkt auf die soziale Seite, während Gruppe 2, die *Medienfokussierten*, auch die technische Seite bzw. die Veränderung durch die Medien erwähnt.[47] Wichtig ist hierbei, zwischen den Ursachen für Mobbing im Allgemeinen und Cyber-Mobbing im Speziellen zu unterscheiden, wobei in dieser Arbeit das Interesse auf Letztgenanntem liegt.

Einig sind sich die Experten dabei, dass es sich bei Cyber-Mobbing nicht um ein durch das Internet geschaffenes Verhalten handelt und dass das Medium selbst daher nicht als alleiniges Übel betrachtet und auch nicht als ausschließlich negativ dargestellt werden soll.

> „Erst einmal ist es so, dass Menschen schon immer über andere hergezogen haben. Von dem her kommt es nicht aus dem Internet heraus, man muss eine gewisse Type haben" (Experte F).

> „The Internet has not created this behaviour, it simply has provided a new way to express an (unfortunately) age-old form of peer aggression" (Expertin 7).

> „Ich möchte aber insgesamt die Neuen Medien, das ist mir ganz wichtig, nicht verteufeln und nicht als negativ darstellen. Wir haben riesige Chancen und auch Möglichkeiten, auch für die jungen Leute. Es gibt halt auch Schattenseiten" (Experte H).

Die Medienskeptiker (Experten A, B, D, E und F) vertreten die Ansicht, dass Cyber-Mobbing größtenteils aufgrund gesellschaftlicher Veränderungen hervorgerufen wird und konzentrieren sich somit verstärkt auf den Aspekt der

---

[47] Hier handelt es sich ebenso um keine trennscharfe Typisierung. Die Experten wurden denjenigen Gruppen zugeteilt, deren Position sie stärker vertreten.

mangelnden sozialen Kompetenz der Jugendlichen. Dieser Position zufolge
liegen die Wurzeln eines Medienphänomens nicht im Medium selbst, sondern
es spiegelt nur unsere Gesellschaft wider. „Das Medium ist der Transporteur
für eine Entwicklung, die ganz woanders liegt und zwar beispielsweise in dem,
dass der Lehrer ganz offenkundig nicht mehr das Maß an Autorität hat, das so
etwas von vorneherein verhindert", so Experte F. Er ist daher der Ansicht,
dass man, um im Internet zum Täter zu werden, genauso wie bei traditionellem Mobbing über gewisse Persönlichkeitsmerkmale verfügen muss. Cyber-
Mobbing hat dieser Argumentation zufolge somit die gleichen Ursachen wie
traditionelles Mobbing.

> „[...] die Ursache ist erst mal, dass da dieses Motiv besteht, jemanden zu
> schädigen oder sagen wir mal dessen Renommee anzukratzen. Das ist,
> denke ich, das Gleiche wie beim direkten Bullying auch und da wird eben
> dieses Medium, dieses Mittel genutzt" (Experte B, 19: 5-8).

> „Bei näherem Besehen stellen wir immer fest, die Wurzeln liegen im Kern
> außerhalb des Mediums" (Experte F).

Als entscheidende Aspekte nennen die Medienskeptiker gesellschaftliche
Entwicklungen, wie z. B. Wertewandel, Respekt- und Disziplinlosigkeit der
Jugendlichen:

> „Ich glaub natürlich auch, dass so etwas viel lockerer geäußert wird, weil
> [...] die sind nicht mehr so streng erzogen wie früher. In der Schule
> herrscht nun mal nicht so viel Disziplin wie früher" (Expertin D).

> „[...] da ist das Internet das anonyme Forum für etwas, das wo ganz an-
> ders angesiedelt ist; zum Beispiel bei einer Zunahme von Respektlosigkeit
> und dem Aufgeben von Autorität" (Experte F).

> „[...] letztendlich ist es eine Frage der Moral. Also ein Kind, das ent-
> sprechend zu Hause erzogen worden ist, wird niemals auf die Idee kom-
> men, auch mit solchen technischen Medien, jemand anderes zu bedrohen.
> Also, das ist das gleiche Prinzip wie in der Zeit als es diese Medien noch
> gar nicht gab. Die Kinder, die mit gewissen Werten aufgewachsen sind,
> die haben auch ihre Mitschüler nicht gemobbt" (Experte A).

Besonders häufig betonen sie moralische Werte, die bei den Jugendlichen
nicht ausreichend ausgeprägt seien. Experte E sieht auch im zunehmenden
Egozentrismus in unserer Gesellschaft sowohl eine Ursache als auch eine Folge von Cyber-Mobbing. Die Experten dieser Gruppe erkennen die medienspezifischen Veränderungen bei Cyber-Mobbing zwar auch an, sie machen
ebenso deutlich, dass sich die Jugendlichen der Tragweite ihres Handelns

nicht bewusst sind – sie betrachten dies aber nicht als Ursache für Cyber-Mobbing.

Sie beschreiben daraufhin weitere gesellschaftliche Probleme, die mit dem Medium Internet im Zusammenhang stehen. Hier überschneiden sich die Argumente der beiden Gruppen. Bevor diese gemeinsam betrachtet werden, folgt eine kurze Charakterisierung der Medienfokussierten (Experten C, G, H und I): Sie betrachten das Cyber-Mobbing zwar ebenso wie die Medienskeptiker nicht als ein komplett neues Phänomen und erkennen gesellschaftliche Probleme an. Sie vertreten jedoch die These, dass sich mit der Übertragung auf das Internet die Rahmenbedingungen des Phänomens und damit auch dessen Ursachen verändern.[48] Diese werden im Folgenden systematisch auf gesellschaftlicher und auf interpersonaler Ebene betrachtet.

Auf *gesellschaftlicher Ebene* geht es um Veränderungen, die in Zusammenhang mit dem Medium selbst stehen. Denn die Medienfokussierten verdeutlichen, dass die Ursachen für Cyber-Mobbing nicht ausschließlich in der Gesellschaft selbst zu suchen sind. Experte G führt das Verhalten der Jugendlichen beispielsweise nicht auf zunehmenden Leistungsdruck oder eine Schule, die immer „unmenschlicher" wird, zurück.

Als großes Problem sehen sowohl die Medienfokussierten als auch die Medienskeptiker das Elternhaus an. Ihrer Ansicht nach interessieren sich viele Eltern zu wenig für das Leben ihrer Kinder in der virtuellen Welt.

> „Wir bereiten unsere Kinder auf die reale Welt mit ihren Chancen und Risiken vor und ich denke, wir haben ein zweites Aufgabenfeld bekommen, das immer mehr an Bedeutung gewinnt. Wir müssen unsere Kinder auch auf die virtuelle Welt vorbereiten. Und zwar sowohl im Guten, den Chancen und ihren Möglichkeiten, wie auch den Risiken" (Experte H).

Das hohe Desinteresse der Eltern ist häufig gepaart mit einer geringen technischen Medienkompetenz der Eltern. In vielen Fällen besäßen die Eltern nicht die Fähigkeit, diese Welt zu verstehen.

> „Und die Eltern, die haben ja noch viel weniger Ahnung, von dem, was ihre Kinder da treiben. [...] wenn ich Eltern frage: ‚Bluetooth, Infrarot?' Dann wie was wo?" (Experte A).

> „Die Eltern haben oftmals keinen Zugang zu diesen neuen, vielfältigen Möglichkeiten, auch Schattenseiten der Neuen Medien. Die wollen sich zum Teil auch nicht damit beschäftigen. Die distanzieren sich sogar teilweise davon: ‚Das Zeug brauch ich nicht, mit dem fange ich nichts an,

---

[48] Diese möglichen Ursachen wurden bereits implizit in den vorangegangenen Kapiteln angesprochen, sollen im Folgenden aber systematisch präsentiert werden.

das interessiert mich nicht.' Verkennen, dass sich gleichzeitig ihre Kinder in diese virtuelle Welt schon sehr tief hineinbewegen. Und es kommt dann zu keinem Austausch mehr. In Bezug auf die reale Welt umgelegt würde es bedeuten, dass die Eltern sagen: ‚Mich interessiert alles, was im eigenen Haus stattfindet, aber was draußen vor der Haustür passiert, das ist mir egal und das beachte ich auch in der Erziehung nicht'" (Experte H).

Dadurch befinden sich die Jugendlichen in der virtuellen Welt unter sich. Es werden ihnen von ihren Eltern keine Grenzen oder Regeln vermittelt, an die sie sich halten müssen. Die Experten A und G weisen darauf hin, dass dadurch anti-soziales Verhalten wie Cyber-Mobbing gefördert wird. Zusätzlich sehen die Experten E und H in den Medien, besonders im Privatfernsehen, durch zunehmenden „Voyeurismus" (Experte E) die Gefahr, dass Jugendliche solches Verhalten nachahmen. So bekommen sie in der realen Welt zusätzlich von den Erwachsenen vorgeführt, wie Grenzen überschritten werden: Der „Tabubruch wird zum Medienereignis" (Experte H) und somit zur Normalität.

Darüber hinaus sei auch bei den Lehrern die Medienkompetenz zu gering ausgeprägt, bemerkte Experte A. Er berichtet aus Erfahrung, dass das Thema in der Schule zu lange ausgeblendet wurde. „Also, man hat jetzt in den letzten zehn Jahren dafür gesorgt, dass die Schulen voll gestopft werden mit Computern. Hat aber völlig vergessen, die Lehrer per Ausbildung darauf vorzubereiten" (Experte A). Sie gehen somit völlig unmethodisch an das Thema heran und verfügen selbst nicht über ausreichende technische Kompetenzen. Und ebenso wie bei den Eltern fehlt nach Ansicht von Experte A bei den Lehrern das Interesse und die Motivation dazuzulernen. Das Problem zeigt sich bereits in der Lehrerausbildung, wo Themen wie Internetanwendungen, Medienkompetenz etc. nicht behandelt werden. Denn „jemand, der Lehramt studiert, der muss auch mit solchen Inhalten befasst sein und muss sich damit beschäftigen. Der muss auf die Realität vorbereitet werden" (Experte A).

Diese genannten Aspekte reichen nach Ansicht der Medienfokussierten jedoch nicht aus, um das Verhalten zu erklären. Daher gehen sie einen Schritt weiter als die Medienskeptiker. Sie erkennen Veränderungen auf *interpersonaler Ebene,* die sich durch die Merkmale computervermittelter Kommunikation ergeben; diese erleichtern ihrer Meinung nach das Cyber-Mobbing. Dabei betrachten sie die vermeintliche Anonymität als das größte Problem. Ihrer Ansicht nach fühlen sich die Jugendliche dadurch sicher und glauben, sie könnten handeln, ohne Sanktionen befürchten zu müssen.

„[...] dass ich unter diesem Vorzeichen der Anonymität das noch mal hochschrauben kann. Ich kann sozusagen noch leichter die sozialen Konsequenzen umgehen, sozusagen heimtückisch hinterrücks auf jemanden losgehen, ohne dass ich meine Identität offenbaren muss" (Experte F).

„[...] ich denke sicherlich, dass dieses Täterwerden über den Chat oder über diese Anonymität natürlich einfacher ist, weil man natürlich nicht zu beobachten ist und natürlich auch schwieriger zu fassen ist. Deshalb ist es auch so, dass wir eine Gruppe von Tätern haben, die im schulischen Umfeld überhaupt nicht zum Täter werden, aber das im Chat mal tun" (Expertin I).

Mehrere Experten weisen jedoch darauf hin, dass es sich dabei zwar nur um eine vermeintliche Anonymität handelt, Experte H weiß aber aus Erfahrung, dass viele Jugendliche glauben, dass ihr Verhalten im Internet nicht auf sie zurückgeführt werden kann. Dass sie Spuren hinterlassen, durch die man sie beispielsweise im Falle einer Strafanzeige identifizieren kann, sei ihnen nicht bewusst.

Die damit im Zusammenhang stehende Unsichtbarkeit von Täter und Opfer benennen sie als weitere Ursache. Da es keinen Face-to-Face-Kontakt gibt, ist die Reaktion des Opfers für den Täter nicht sichtbar.

„Ich glaube, dass es einfacher ist zum Mobber zu werden, wenn man das Opfer nicht direkt vor sich hat. Ich meine wir kennen alle, dass man leichter mal eine böse E-Mail abschickt, als irgendjemand das ins Gesicht zu sagen. Also, es schafft eine Distanz, die alleine schon in dem Medium liegt, und die wird bei den Fällen mit Sicherheit eine Rolle spielen" (Expertin C).

Dies erschwere die Empathiefähigkeit und die Hemmschwelle gegenüber negativen Äußerungen oder Beleidigungen usw. sinkt. Man braucht nicht den Mut, dem Opfer direkt gegenüberzutreten. Zusätzlich, fügen die Experten hinzu, nehmen die Jugendlichen das Internet als einen rechtsfreien Raum wahr und glauben, dort ohne Regeln und Vorschriften agieren zu können. Sie hätten das Gefühl, sich für ihre Handlungen nicht rechtfertigen zu müssen und für ihr Verhalten nicht bestraft zu werden.

„Bei einer direkten Konfrontation [...] ist es so, dass man ja dem Opfer sozusagen in die Augen schaut, dass man sich selber auch natürlich einbringen muss, dass man erstens mal im Grunde genommen natürlich schon eine gewisse Aggressivität von Hause aus mitbringen muss. Und dass man natürlich auch immer mit einem Widerstand des Opfers rechnen muss oder dass es dann Hilfe sucht. Und dass man dann selber, gerade in der Schule, bestraft wird" (Experte G).

„Und im Internet oder im Chat ist es so: Eigentlich haben die das Gefühl, man kann es [das Verhalten] nicht auf sie zurückführen. Aber es
kann durchaus auf sie zurückgeführt werden. Das ist das, was sie nicht
erkennen. Das ist praktisch so eine Verschleierung durch diese grund-
sätzliche Anonymität" (Expertin C).

Der Täter glaube darüber hinaus nicht nur im Nachhinein nicht identifi-
zierbar zu sein, sondern die Unsichtbarkeit bezieht sich auch auf die Situation,
in der er die Tat ausübt. Er sitzt alleine oder mit Freunden am PC und kann
dabei von Außenstehenden nicht beobachtet werden. Die Experten vermuten
daher, dass die Jugendlichen keine soziale Kontrolle verspüren; d. h. Kon-
trollmechanismen nicht zum Tragen kommen. Damit verbunden ist für die
Experten G und D auch, dass die Jugendlichen im Internet nur ein einge-
schränktes Öffentlichkeitsbewusstsein haben. Wenn sie miteinander z. B. im
SchülerVZ kommunizieren, so fühlen sie sich unter sich. Sie scheinen auszublenden, dass sie in einem öffentlichen Raum agieren und dass andere Nutzer
die Einträge ebenso sehen können. Aufgrund dieses Merkmals und der ver-
meintlichen Anonymität kann möglicherweise ein unterschiedliches Verhalten
der Jugendlichen im Internet als in der realen Welt erklärt werden.

Das heißt, den Experten zufolge, dass sich die Jugendlichen der Tragweite
ihres Handelns nicht bewusst sind. Das betrifft zum einen die Verbreitungsge-
schwindigkeit der Mobbingfälle, aber auch die mögliche Reichweite. Den Jugendlichen sei nicht klar, dass man „sobald man klick gemacht hat und es im
Netz steht, es nicht mehr kontrollieren kann, nicht mehr rausnehmen kann
und es eben weltweit zur Verfügung steht" (Experte B). Ebenso führen sie
sich die Konsequenzen der dauerhaften Speicherung der Daten nicht vor Augen.

„Es ist ja auch so, dass viele Jugendliche gar nicht kapieren, dass wenn
sie Fotos von sich von Partys und so wilden Geschichten ins Internet
stellen, dass die Dinger da drin sind und dass die da nicht mehr raus zu
nehmen sind" (Expertin I).

„[…] was dann in beiden Fällen fehlt, ist das Hineinversetzen in die Situation des Lehrers. Die sehen das aus ihrer Spaß-Perspektive Schüler. Das
haben sie dann auch gesagt, als ihnen das deutlich gemacht worden ist, im
direkten Gespräch mit den betroffenen Lehrern. Das ist ja dann das Ein-
drucksvollste, wenn sie dann im Endeffekt, dann wirklich anhand von so
einem Spott dann einmal sagen sollen, was sie sich dabei gedacht haben
etc. Dabei ist eigentlich auch deutlich geworden, dass das völlig abgegan-
gen ist; also diese Vorstellung, wie könnte das wirken?" (Experte G).

Wie bereits oben beschrieben verursachen sie durch ihr Verhalten Medienwirkungen. Es fehlt ihnen allerdings die Kompetenz, diese Wirkungen einzuschätzen. Expertin D und Experte E erklären das Phänomen weiterhin mit der Tatsache, dass das Internet für die Jugendlichen ein gewöhnliches Kommunikationsmedium ist, es gehört zu ihrem Alltag. Sie kennen es nicht anders, da sie damit aufgewachsen sind. Daher machen sie sich auch keine Gedanken über die Veränderungen, die die computervermittelte Kommunikation mit sich bringt. Nach Meinung der Experten sehen die Jugendlichen keine Unterschiede zur Face-to-Face-Kommunikation.

Expertin D fügt hinzu, dass sie auch das Verhalten der Jugendlichen untereinander, d. h. Mitlauferei als Ursache für Cyber-Mobbing betrachtet. Auch Experte H vermutet, dass sich die Jugendlichen gegenseitig dazu anstiften, beispielsweise indem sie zu mehreren am Computer sitzen:

> „Der Eine hat die Idee das Bild, das man gemacht hat, zu nehmen, zu verändern und der Zweite kommt auf die Idee, das können wir doch bei uns in der Community publizieren. Und der Dritte hat noch eine Idee, was man drauf packen könnte. Und so kommt das eine zum anderen" (Experte H).

Die technische Faszination der Jugendlichen an dem Medium beeinflusse zusätzlich das Verhalten, denn die Jugendlichen haben – im Gegensatz zu vielen Erwachsenen – die Zeit und das Interesse die Neuen Medien auszuprobieren. Sie sind neugierig und probieren aus, was möglich ist.

> „Und im anderen Fall war es so, dass ein Schüler eine neue Software bekommen hat, mit der man Filmsequenzen herstellen kann und sie sich da mit einer Lehrerin einen Spaß draus gemacht haben. Die ist eigentlich nur deswegen rein geraten in den Spott, weil sie von der zufälligerweise digitalisierte Fotos hatten. Von den anderen hatten sie keine. Das ist also dieses technische Ausprobieren" (Experte G).

> „Das muss man den Jugendlichen aber auch zu Gute halten, die wollen dieses Medium einfach ausprobieren" (Experte A).

Ein weiterer Aspekt bei Cyber-Mobbing sei die Einfachheit, Inhalte online zu stellen.

> „Wenn die sich hinsetzen müssten und einen Brief schreiben müssten mit ordentlicher deutscher Rechtschreibung, damit der irgendwo in einer Zeitung abgedruckt würde, würden sie es vielleicht nicht tun. Das wäre viel zu anstrengend. Das hat wahrscheinlich auch eine gewisse Verlockung, dass so was überhaupt geht" (Expertin C).

Die Medienfokussierten erkennen bei Cyber-Mobbing somit zusätzliche medienspezifische Faktoren, die die Täterschaft erleichtern und vermuten, dass es zusätzlich eine Gruppe von Jugendlichen gibt, die aufgrund dieser Erleichterung im Internet zu Tätern wird. Sie halten Cyber-Mobbing somit aufgrund der internetspezifischen Merkmale für „einfacher" durchführbar als traditionelles Mobbing. Die Medienskeptiker erkennen diese Faktoren zwar auch an, sehen sie jedoch nicht als Ursache für das Verhalten.

Diese zwei Positionen vertreten auch die angloamerikanischen Experten. Experte 2 ist der Ansicht, dass Cyber-Mobbing nicht durch die Merkmale des Internets unterstützt wird. „I would not necessarily say that the internet 'supports' or 'promotes' this behaviour. As with any tool, there are possibilities for its use and for its misuse." Er fügt aber trotzdem hinzu, dass es Faktoren bei Cyber-Mobbing gibt, die die Täterschaft im Vergleich zu traditionellem Mobbing erleichtern: „However, in some ways the internet has made it easier for people to cyber bully others, because since they are behind a computer/mobile phone, they are removed from their victims, and therefore, feel no empathy for their victims" (Experte 2).

So wie die Medienfokussierten betonen die anderen Experten medienspezifische Faktoren, die ihrer Ansicht nach das Mobbing im Internet fördern:

> „[…] the anonymity of the Internet combined with the lack of visual cues that we have hurt someone's feelings contributes to cyber bullying" (Expertin 6).

> „Cyber bullying is a way to fit in, a way to lash out, a way to test identity, and more. It can occur for a multitude of reasons that arise because of the lack of punishment, consequences, immediate feedback of inappropriateness, etc. Because of this, everyone feels freer online. They feel hidden by the screen and take risks or explore behaviours they might not otherwise have chosen to participate in" (Experte 3).

> „If you perceive yourself to be invisible, then you are less likely to be concerned about detection or punishment. It is also harder to detect the consequences of your actions on others. This interferes with empathy and the recognition that you have caused real harm" (Expertin 5).

6.1.5 Opfer

Nachdem nun das Verhalten der Täter und dessen Ursachen betrachtet wurden, folgt eine Einschätzung der Auswirkungen auf die Opfer durch die Experten. Diese wurden bereits bei der Charakterisierung von Cyber-Mobbing skizziert, hier erfolgt nun eine detaillierte Darstellung. Die Fragestellung wird zusätzlich im folgenden Kapitel im Rahmen der Interviews mit den Opfern analysiert, soll aber auch von den Experten betrachtet werden, um deren Problembewusstsein zu diesem Aspekt zu ergründen.

Insgesamt schätzen alle Experten die Auswirkungen relativ stark ein.[49] Sie sind sich einig, dass die Vorfälle in der virtuellen Welt Konsequenzen für die reale Welt haben. „The saying "sticks and stones may break my bones but words can never hurt me" no longer applies," so Experte 3. Das Argument, man könne die Nachrichten oder SMS einfach löschen, sich Videos nicht anschauen, den PC ausstellen etc. erwähnt keiner der Experten.

Auch hier ist es wichtig, analog zu den Tätern, zwischen den Opfern zu differenzieren, betont Experte H. Denn es gibt Jugendliche, auf die das Mobbing kaum Effekte habe und „ein anderer Persönlichkeitstyp, der frisst das dermaßen in sich rein, dass das bleibende Wunden hinterlässt" (Experte H). Darauf macht auch der Großteil der angloamerikanischen Experten aufmerksam.

Betrachtet man die Auswirkungen auf die Opfer, so stellt sich die Frage: Verändern sich diese im Vergleich zu traditionellem Mobbing? Und wenn ja, wie?

Hierzu lassen sich die Aussagen der Experten in zwei unterschiedliche Positionen unterteilen. Während Gruppe 1 (Experten D, F und I) sich auf Auswirkungen konzentriert, die denen des traditionellen Mobbings entsprechen, erkennt Gruppe 2 (Experten A, B, C, E, G und H) zusätzliche Auswirkungen zu traditionellem Mobbing.

Die Experten der Gruppe 1 beschreiben vor allem physische Auswirkungen, wie Bauch- und Kopfschmerzen, aber auch psychische Auswirkungen, wie z. B. geringeres Selbstbewusstsein. Expertin 4 berichtet von „heightened levels of anxiety and depression among victims of cyber bullying." Expertin 7 schreibt: „Cross-sectionally, we have noted increased depressive symptomatology on the victims. This is consistent with victims of in-person bullying." Dass Jugendliche Mobbing in der Schule als etwas belastender empfinden als Cyber-Mobbing, kann Expertin I hinzufügen. Eine Veränderung gegenüber traditionellem Mobbing sehen die Experten D und F in der Stärke der Effekte, die ihrer Einschätzung nach bei Cyber-Mobbing zunimmt. Experte F sieht dafür die größere Reichweite als Ursache, er nennt aber keine zusätzlichen Auswirkungen. Seiner Ansicht nach mache es im Endeffekt bei der Betrach-

---

[49] Dabei ist festzuhalten, dass die Experten betonen, dass Aussagen, wie „stärkere" oder „zusätzliche" Auswirkungen die Folgen von traditionellem Mobbing nicht verharmlosen sollen, denn „schlimm ist das eine wie das andere" (Experte F).

tung der Konsequenzen des Mobbingfalls keinen Unterschied, ob diese aufgrund von traditionellem Mobbing oder Cyber-Mobbing auftreten.

Insgesamt unterscheiden die Experten zwischen den Auswirkungen für
Lehrer und für Schüler. So berichtet Expertin D von Lehrern, die ihren Beruf
aufgrund von Mobbingfällen nicht mehr ausüben können, oder stark frustriert
sind. Aufgrund des großen Einflusses der Peergroup und der höheren Nutzung von Internet und Handy vermuten die Experten aber deutlich stärkere
Auswirkungen bei Schülern als bei Erwachsenen. Es habe für sie weiterrei-
chende Konsequenzen, wenn ihr Ruf in der virtuellen Welt ruiniert sei. Außerdem haben Schüler weniger Möglichkeiten, gegen Cyber-Mobbing vorzugehen. In vielen Fällen haben sie geringeren Rückhalt im Freundeskreis und
der Familie, denn oft können die Eltern das virtuelle Leben ihrer Kinder nicht
verstehen. Für Lehrer dagegen existiert beispielsweise eine Beschwerdestelle,
die Opfer von Cyber-Mobbing unterstützt. Da Handy und Internet vollständig in den Alltag von Jugendlichen integriert sind, lässt sich Cyber-Mobbing
auch nicht einfach „abschalten", da die Jugendlichen sich sonst aus der
Kommunikation mit Freunden, Klassenkameraden etc. ausschließen würden.

Expertin D vermutet, dass die Opfer besonders unter der Dauerhaftigkeit
und der großen Reichweite der Einträge leiden:

> „Ich glaube auch, das ist der Unterschied, was für die Lehrer so unheim-
> lich schwer ist. Das Über-Lehrer-Herziehen auf dem Schulhof, ich glaube,
> das wissen die, dass das passiert und da können die auch mit leben. [...]
> gerade dieses für jeden einsehbar und lange im Internet stehen bleiben,
> das ist das Extreme daran an diesem jetzigen Mobbing."

Mit dieser Aussage stellt sie den Übergang zu Gruppe 2 her. Auf diese Besonderheiten, die sich durch Cyber-Mobbing ergeben, gehen diese Experten
detaillierter ein. Sie erkennen zusätzliche Auswirkungen, die aus den Merkmalen von Cyber-Mobbing folgen. „Cyber bullying can have psychological im-
pacts that far outreach physical bullying", so Experte 3. Die angesprochene
mögliche Anonymität führt den Experten zufolge zu einer großen Verunsicherung. Weiß man nicht, wer sein Peiniger ist, so beginnt man möglicherweise jeden im Umfeld zu verdächtigen und kann sich dort nicht mehr unge-
zwungen bewegen. Obwohl die Anonymität nicht so groß ist, wie viele Jugendliche annehmen, kann der Täter erst identifiziert werden, wenn das Opfer
aktiv handelt. Dies überfordert nach Ansicht von Experte G viele Opfer,
denn sie wissen nicht, wie sie reagieren sollen. „Die Anonymität ist bei weitem
nicht so groß wie man glaubt, aber es sind eben viele, die gar nichts unternehmen, weil sie nicht wissen, wo sie anfangen sollen zu suchen" (Experte G).

Die Tatsache, dass Cyber-Mobbing unabhängig von Zeit und Raum ist, macht es weiterhin für das Opfer sehr schwer, sich dem Mobbing zu entziehen. Experte B vermutet daher eine größere Hilflosigkeit bei den Opfern. Ein Schul- oder Ortswechsel mache keinen Sinn, wenn die Täter nicht aufhören zu mobben. Aufgrund der Digitalisierung und der damit verbundenen dauerhaften Speicherung der Daten hält ein Vorfall darüber hinaus auch länger an als bei traditionellem Mobbing. Die Experten E und F thematisieren die daraus resultierende Unsicherheit für die Opfer, die keine Kontrolle darüber haben, wer bereits über die Daten verfügt. Damit steht auch die größere Reichweite in Zusammenhang: Ein viel größerer Zuschauerkreis kann von dem Vorfall mitbekommen. Dieser ist vom Opfer weder kontrollierbar noch überschaubar. Denn das Mobbing findet in einem öffentlichen Raum statt. „The entire world is watching which magnifies the embarrassment" (Experte 3). Das bedeutet: Aus Sicht des Opfers gleicht Cyber-Mobbing einem Gesichtsverlust, denn es wird öffentlich an einen virtuellen Pranger gestellt, so Experte B. Für das Opfer mag das wie eine „doppelte" Viktimisierung erscheinen. Zusätzlich zu der öffentlichen Anprangerung habe es das Gefühl, zum „öffentlichen Objekt" (Experte E) zu werden, wenn es beispielsweise direkt auf den Vorfall angesprochen wird. Experte H fügt hinzu, dass das Opfer sich daher vorstellen wird, dass jeder im Umfeld informiert ist. Er nimmt an, dass dies zusätzliche Auswirkungen auf die Wahrnehmung des Opfers hat: Das Verhalten der Mitmenschen wird vermutlich stets auf den Vorfall bezogen. „Jeder hat das gesehen, jeder schaut mich besonders an, jedes Lachen bezieht sich auf diesen Inhalt, der hier im Internet kursiert" (Experte H). Dies führt zu Auswirkungen, die denen des traditionellen Mobbings entsprechen und die durch diese Verunsicherung weitaus stärker ausfallen könnten. Die Experten sprechen von Konsequenzen für die Gesundheit bis in den krankhaften Bereich der Paranoia. Experte H vermutet, dass diese Effekte bereits auftreten können, wenn es sich um eine „kleinere Sache" handelt.

Darüber hinaus hat das Opfer bei Cyber-Mobbing noch weniger Möglichkeiten sich zu wehren. Expertin C ist der Ansicht, dass die Situation durch die geringeren Unterstützungsmöglichkeiten der Zuschauer schwieriger für das Opfer ist. Auch das oben angesprochene Generationenproblem erschwert die Situation des Opfers. Können die Eltern die Probleme des Jugendlichen nicht nachvollziehen, so wird er oder sie sich noch hilfloser fühlen, vermuten die Experten C und H.

Gruppe 2 unterscheidet ebenso zwischen den Auswirkungen auf Schüler und auf Lehrer. Expertin C ist sich sicher, dass Freunde und Bekannte des Lehrers einschätzen können, dass es sich um einen Schülerstreich handelt und daher rücksichtsvoll reagieren werden. Experte E dagegen vermutet, dass das

Ansehen des betroffenen Lehrers im Kollegium sinken wird: „nach dem Motto: ‚Da wird schon etwas dran sein. Warum ist die jetzt da drin? Die [Schüler] haben die oder den bestimmt auf dem Kieker, weil etwas Bestimmtes vorgefallen ist.‘" Er weist darauf hin, dass es nicht verwunderlich sei, wenn dies zum Burn-Out-Syndrom bei Lehrern führt. Experte G berichtet, ebenso wie Expertin D, von Lehrern, die nach einem solchen Vorfall an ihrem Grundverständnis als Lehrer zweifeln. Er weiß von einer Lehrerin, die als Folge einer von Schülern erstellten Fotomontage extreme psychische Auswirkungen verspüre und viele Monaten nicht mehr unterrichten konnte. Sie hatte das Gefühl, dass jeder die Fotomontage kannte und fühlte sich daher stark verunsichert. Das sind Vorfälle, „die dann tatsächlich auch nicht nur ein Berufsleben zerstören, sondern im Endeffekt tatsächlich ein Leben negativ verändern können" (Experte G). Experte E sieht bei Lehrermobbing die Gefahr, dass deren Kompetenz in Frage gestellt wird. „Die Glaubwürdigkeit bei den Eltern ist eingeschränkt, und es wird damit auch von vorneherein – aus welchen Gründen auch immer – die pädagogische Qualifikation abgesprochen. Damit ist diese Persönlichkeit angekratzt." Expertin D fügt hinzu, dass bei Lehrermobbing der unterschiedliche Sprachgebrauch bei Jugendlichen und Erwachsenen zu beachten sei. Lehrer empfinden möglicherweise einen Eintrag als Beleidigung, den Jugendliche nicht als solchen erkennen.

Auch Gruppe 2 schätzt die Effekte auf Jugendliche noch stärker ein. Für Jugendliche, bemerkt Experte G, ist es teilweise schlimmer, wenn der Ruf in der virtuellen Welt zerstört ist, als wenn der im realen Leben beschädigt wird. Gerade Schüler, die in der Schule nicht sehr beliebt sind, bauen sich häufig in der virtuellen Welt eine zweite Identität auf. Experte G hat Schüler beobachtet, die sich nach solchen Vorfällen völlig isolieren und aus der Gemeinschaft zurückziehen. Als emotionale Reaktionen bei Jugendlichen beschreibt Experte 1: „They feel angry, frustrated, depressed, and hurt." Er erwähnt auch virtuelle Konsequenzen für die Opfer, beispielsweise würden viele Jugendliche im Anschluss an einen Vorfall aufhören, den Computer oder das Handy zu nutzen. Expertin C fügt hinzu, dass die Opfer im Anschluss an einen Vorfall möglicherweise das Vertrauen in die Neuen Medien verlieren und „dass es ja auch ein Schock sein muss, dass das, womit man heutzutage arbeiten muss, um auch rein beruflich auf dem Laufenden zu sein, einem feindlich gegenüber tritt."

Expertin D weist darauf hin, dass möglicherweise Einträge über eine Person veröffentlicht werden, ohne dass der Betroffene darüber Bescheid weiß: „[…] auch diese Ungewissheit, wird über mich da jetzt hergezogen?" Dies kann einerseits zu einer ständigen Verunsicherung führen, andererseits, fügt

Experte B hinzu, kann in dem großen Raum des Internets in der Öffentlichkeit ein solcher Vorfall auch schnell „verpuffen".

Diese Aussagen der Gruppe 2 machen deutlich, dass bei Cyber-Mobbing zum einen die durch traditionelles Mobbing bekannten Auswirkungen auftreten, darüber hinaus aber noch zusätzliche Konsequenzen in Erscheinung treten können, die auf die spezifischen Eigenschaften von Cyber-Mobbing zurückzuführen sind.

6.1.6 Zwischenfazit

Bei der Begriffsbestimmung von Cyber-Mobbing orientieren sich die Experten an der Definition von traditionellem Mobbing. Sie berücksichtigen aber spezifische Besonderheiten, die durch die Verwendung des Internets auftreten. So können Kommunikationsformen, die im Alltag nicht unter Mobbing fallen, im Internet zu Cyber-Mobbing werden. Außerdem müssen die Vorfälle bei öffentlichem Cyber-Mobbing nicht über einen längeren Zeitraum stattfinden, da sie immer wieder abrufbar sind. Daher kann Cyber-Mobbing folgendermaßen charakterisiert bzw. von traditionellem Mobbing abgegrenzt werden: Cyber-Mobbing findet über ein *Medium* in Form von *Text, Bild oder Video* statt. Täter und Opfer sind dabei füreinander u*nsichtbar.* Cyber-Mobbing kann u*nabhängig von Zeit und Ort* erfolgen und die Daten sind *dauerhaft* gespeichert. Es hat eine wesentlich *größere Reichweite* als traditionelles Mobbing. Obwohl es damit einhergehend auch bedeutend mehr Zuschauer gibt, haben diese *geringere Möglichkeiten* dem Opfer zu Hilfe zu kommen. Diese Merkmale erhöhen, den Experten zufolge, die *Wehrlosigkeit des Opfers.*

Die Experten sehen Cyber-Mobbing als ein ähnliches Verhalten wie traditionelles Mobbing an. Dementsprechend führen sie das Verhalten auch auf mangelnde soziale Kompetenzen zurück, die wiederum als Folge von gesellschaftlichen Problemen betrachtet werden können. Diese Gruppe der Experten, die Medienskeptiker, sehen die Ursache für Cyber-Mobbing somit in Problemen wie Wertewandel, Disziplinlosigkeit der Jugendlichen etc. und nicht in internetspezifischen Problemen. Von den meisten Experten wird jedoch zusätzlich die Tatsache berücksichtigt, dass Cyber-Mobbing über ein öffentliches Medium stattfindet. Dabei sind sich die Experten einig, dass sich die Jugendlichen der Tragweite ihres Handelns in dem Medium nicht ausreichend bewusst sind. Diese Konsequenzen antizipieren zu können wurde als Medienwirkungskompetenz bezeichnet. Einige Experten sehen die internetspezifischen Merkmale von Cyber-Mobbing als Erleichterung für die Täterschaft an. Diese Gruppe der Medienfokussierten betrachten diese Merkmale daher ebenfalls als Ursache für das Verhalten der Jugendlichen. Die Jugendlichen seien sich aufgrund dieser Merkmale weniger bewusst, welche Konsequenzen ein solcher Vorfall für das Opfer haben kann. Bei der Betrachtung der Auswirkungen von Cyber-Mobbing auf die Opfer können die Experteneinschätzungen durch zwei Positionen dargestellt werden. Gruppe 1, welche hauptsächlich Auswirkungen des traditionellen Mobbings beschreibt und Gruppe 2, die aufgrund der Verwendung des Internets zusätzliche Auswirkungen annehmen, was sie hauptsächlich auf die Öffentlichkeit der Vorfälle zurückführen.

6.2 Auswirkungen auf die Opfer

Im Anschluss an die Einschätzung der Auswirkungen auf die Opfer durch die Experten, werden diese nun aus der Perspektive der Opfer untersucht. Dabei wird zunächst auf die Modelle reziproker Effekte von Daschmann und Kepplinger zurückgegriffen (vgl. Kapitel 2.4.2). Die Auswertung orientiert sich sowohl an den Bereichen Aufmerksamkeit, Wahrnehmung, Kognitionen, Emotionen und mentale Kontrolle, die auch von Daschmann verwendet werden als auch an der Unterteilung von Kepplinger in direkte und indirekte Effekte. Hinzu kommen die Kategorien, die bei der Auswertung induktiv gewonnen werden konnten.

6.2.1 Darstellung der Fälle

Hier erfolgt nun eine Darstellung der einzelnen Fälle. Es wird kurz ein Überblick über den Vorfall gegeben, um ihn anschließend anhand der jeweiligen Kategorien zu interpretieren.

6.2.1.1 Anna

Anna, heute 18 Jahre alt, wurde in der sechsten Klasse Opfer von Cyber-Mobbing. Sie bemerkte damals, dass sich plötzlich das Verhalten ihrer Mitschüler ihr und ihrer Freundin Christine gegenüber veränderte, wusste jedoch nicht, woran das lag. Immer mehr Klassenkameraden wendeten sich von ihnen ab, bis schließlich „quasi kaum mehr einer mit uns geredet hat."[50] Nach

---

[50] In diesem Teil der Auswertung werden die Zitatnachweise ohne den Namen der Opfer genannt, da diese eindeutig zuzuordnen sind; Seiten- und Zeilenzahl geben darüber Aufschluss, wo das Zitat im Anhang zu finden ist.

etwa drei Wochen machte ein Mitschüler sie darauf aufmerksam, dass eine Homepage existiert, auf der vor allem Anna schlecht dargestellt wird. Kathrin, eine Mitschülerin, die eifersüchtig auf Anna war, da diese sich mit ihrer damals besten Freundin Christine angefreundet hatte, erstellte diese Seite mit der Unterstützung eines Mitschülers und verbreitete darauf Gerüchte über Anna. Offensichtlich war ihr Ziel, die beiden Mädchen auszugrenzen: Beispielsweise „[...] hat die nächste Klassenfahrt angestanden und man sollte bloß nicht mit uns auf ein Zimmer gehen." Anna berichtete ihren Eltern daraufhin von der Internetseite. Diese wendeten sich an die Eltern von Kathrin und forderten sie auf, etwas dagegen zu unternehmen. Kurz darauf löschte Kathrin die Seite, und „[...] es hat dann noch eine Woche oder so gedauert und dann war das wieder in Vergessenheit geraten." Die Eltern forderten Kathrin zusätzlich auf, vor der Klasse klarzustellen, dass sie die Aussagen über Anna erfunden hatte.

Der Prozess reziproker Effekte beginnt in diesem Fall mit dem Bereich der *Wahrnehmung*. Anna bemerkt *zuerst* die Veränderungen im sozialen Umfeld und erfährt erst Wochen später die Ursache dafür. Sie verspürt somit zunächst ausschließlich *indirekte Effekte*, d. h. ihre Klassenkameraden verändern ihr Verhalten Anna gegenüber, nachdem sie die Einträge auf der Homepage gelesen haben. Dabei handelt es sich um tatsächliche Veränderungen, also um eine primäre Viktimisierung durch die Klassenkameraden, da sie sich diese nicht einbildet.

Anna selbst kann den Einträgen zu diesem Zeitpunkt keine erhöhte *Aufmerksamkeit* widmen, da sie über deren Existenz nicht informiert ist. Dadurch entsteht für sie auch keine Diskrepanz zwischen der Darstellung ihrer Person auf der Homepage und ihrer eigenen Einschätzung darüber, wie sie von anderen wahrgenommen wird. Ihre Aufmerksamkeit konzentriert sich ausschließlich auf ihre Mitschüler. Sie spricht Einzelne gezielt darauf an, aber „[...] die haben dann halt immer so ein paar Wörter gesagt, also ein paar Sätze und haben sich dann umgedreht und sind weggegangen." Diese Erfahrung ist für sie ernüchternd. „[...] ich mochte meine Klasse, sag ich mal, schon. Ich habe mich da immer recht wohl gefühlt. Und wenn dann plötzlich alle ganz abweisend zu dir sind, das ist schrecklich."

Da sie die Ursache für das Verhalten ihrer Mitschüler nicht kennt und die Faktizität der Einträge somit nicht einschätzen kann – das betrifft den Bereich der *Kognitionen* – ist sie in dieser Zeit sehr traurig und verunsichert. Darüber hinaus ist sie einer homogenen Gruppe ausgesetzt. Dies ist für den Bereich der *sozialen Kontrolle* relevant. Sie fühlt sich machtlos, da sie nicht weiß, wie sie dagegen vorgehen soll. „Also man war wirklich der Situation hilflos ausgesetzt." Sie hat schließlich keine Lust mehr in die Schule zu gehen.

Hier wird die Verbindung zwischen virtueller und realer Welt deutlich. Der Vorfall findet zwar im Internet statt, hat dort aber keinerlei Auswirkungen. Ausschließlich in der realen Welt zeigen sich Konsequenzen. Sowohl ihre Mitschüler als auch Anna selbst werden von den Einträgen beeinflusst: „Es hat ganz gut gewirkt, muss ich sagen, diese Homepage."

Bis zu dem Zeitpunkt, an dem sie die Ursache für die Verhaltensänderungen erfährt, handelt es sich somit aus ihrer Perspektive um traditionelles Mobbing: Sie wird in der Schule von ihren Klassenkameraden ausgegrenzt. Daher verspürt sie zunächst Auswirkungen, wie Angst vor der Schule und Verunsicherung.

Als sie von der Homepage erfährt, ist sie einerseits erleichtert, da sie nun den Grund für das Verhalten ihrer Mitschüler kennt. Außerdem normalisiert sich die Situation in der Klasse relativ schnell wieder, nachdem sich Kathrin entschuldigt hat. Andererseits verändert sich nun mit dem Wissen über die Homepage die Situation, denn aus ihrer Sicht beginnt ab diesem Moment erst das Cyber-Mobbing.

Für den Bereich der *Aufmerksamkeit* bedeutet dies keine Veränderung. Auch jetzt schaute sich Anna die Einträge auf der Homepage nicht an. Sie kann sich heute nicht mehr erinnern, ob das daran lag, dass sie damals noch keinen Internetzugang zu Hause hatte oder ob ihre Eltern es so wollten. Ein Großteil der Einträge wurde sofort gelöscht, berichtet ihr ihre Mutter, die sich die Homepage betrachtet hatte. Heute wünscht Anna sich, sie hätte die Einträge sehen können, um zu wissen, was die anderen über sie gelesen haben und die Möglichkeit zu haben, das richtig zu stellen. Sie vermutet, dass sich dadurch das Gefühl der Machtlosigkeit etwas vermindert hätte, da sie sich dann aktiv hätte verteidigen können. Denn dass auf der Homepage Gerüchte und Lügen über sie verbreitet wurden, findet sie „wesentlich schlimmer", als wenn Kathrin dies im Alltag getan hätte. Zum einen sei es für Kathrin auf diesem Weg deutlich einfacher gewesen viele Leute zu erreichen, zum anderen hat es relativ lange gedauert, bis Anna über die Homepage informiert wurde. Wäre dies in der realen Welt passiert, so vermutet sie, hätte sie schneller davon erfahren, wäre direkt auf Kathrin zugegangen und hätte sie darauf angesprochen. So war sie jedoch durch das Verhalten ihrer Klassenkameraden bereits so verunsichert, dass sie sich nicht in der Lage fühlte darauf zu reagieren.

Für Anna verbessert sich zwar im Bereich der *Wahrnehmung* des Umfelds die Situation nach der Entschuldigung, da sich die Mitschüler ihr gegenüber wieder normal verhalten. Allerdings treten nun neue Gedanken in den Vordergrund. Dabei ist die Öffentlichkeit der Homepage für sie der entscheidende Faktor. Nach der Erfahrung, wie sich ihr Mitschüler von den Inhalten der Homepage haben beeinflussen lassen, macht sie sich nun Sorgen darüber, was andere Personen, die die Einträge gelesen haben, über sie denken. „[…] auf die Internetseite da kann ja rein theoretisch jeder drauf und der kennt dich dann zwar nicht aber denkt: ‚Aha, hier die Anna, das ist ja eine ganz Schlimme.‘" Sie hat Angst, dass fremde Personen von den Einträgen beeinflusst werden könnten und daher schon vor einem möglichen Treffen ein bestimmtes Bild von ihr haben. Daher ärgert sie sich sehr, dass sie keine Kontrolle darüber hat, wer die Einträge gelesen hat. „Allein wenn du nicht weißt, wer da drauf guckt und da hast du keinen direkten Einfluss drauf." Diese möglichen Zuschauer empfindet sie als anonyme Masse: „Aber wenn das dann so anonym ist und du weißt nicht, hat der jetzt das gelesen oder nicht? Was denkt der darüber? Dann ist das was völlig anderes."

Im Bereich der *Kognitionen* kann sie die Faktizität der Einträge erst jetzt einschätzen, jedoch nur anhand dessen, was sie beispielsweise von ihrer Mutter berichtet bekommt. Selbst hat sie die Einträge nie gelesen. Sie bewertet die Aussagen als falsch, spricht von Gerüchten und Lügen. Aus dieser Bewertung resultieren vor allem die *Emotionen* Ärger und Unsicherheit. Dadurch, dass sich im Anschluss an den Mobbingfall keine Reaktionen in ihrem Umfeld mehr zeigen, sondern im Gegenteil sich die Situation wieder normalisiert, ergeben sich für den Bereich der *mentalen Kontrolle* keine weiteren Auswirkungen.

Bei der Analyse dieses Prozesses konnten weitere Kategorien identifiziert werden, die die Auswirkungen beeinflussen. Anna nennt dabei sowohl die Tatsache, dass das Mobbing über ein *Medium* stattfand als auch eine *größere Reichweite* als entscheidende Einflussgrößen. Auch die mit der Digitalisierung verbundene *Dauerhaftigkeit* wird indirekt von ihr angesprochen.

Weitere für die Auswirkungen entscheidende Kategorien sind die *Dauer der Einträge* und der *Umgang mit dem Problem*. Direkt nachdem die Eltern von Anna von dem Vorfall erfahren, wenden sie sich an Kathrins Eltern und die Homepage wird sofort gelöscht. Das bedeutet, es gibt ab diesem Zeitpunkt keine weiteren Einträge. Die Dauer beschränkt sich auf einige Wochen. Für Anna ist der Vorfall damit beendet. Dazu kommt die schnelle Reaktion beider Eltern, die einen Einfluss auf den weiteren Verlauf hat. Kathrin entschuldigt sich vor der gesamten Klasse für ihr Verhalten und stellt klar, dass es sich auf der Homepage um von ihr erfundene Lügen handelt. Dadurch verbessert sich die Situation für Anna im Bereich der mentalen Kontrolle erheblich. Die oben genannten Auswirkungen verspürt sie ab diesem Zeitpunkt kaum noch. Sie kann sich heute an die Zeit danach nicht mehr sehr gut erinnern, aber sie glaubt nicht, dass der Vorfall sie lange beschäftigt hat. Das war „noch so ein, zwei Wochen komisch und dann war das dieselbe Situation wie vorher." Trotzdem macht sie sich weiterhin Gedanken darüber, „weil du denkst halt: ‚Jetzt muss ja nur der Nächste kommen und wieder was erzählen.'"

Wie in der Schule damit umgegangen wurde, weiß sie nicht mehr genau. Sie ist sich nicht sicher, ob das Thema – über die Entschuldigung von Kathrin hinaus – in der Klasse offiziell angesprochen wurde. Sie vermutet, dass dies nicht der Fall war, da es ihr wichtig war, nicht noch mehr Aufmerksamkeit zu erlangen und erneut im Mittelpunkt zu stehen.

Bei diesem Fallbeispiel ist interessant, dass langfristige Auswirkungen untersucht werden können, da der Vorfall bereits sieben Jahre zurückliegt. Es zeigen sich heute keine emotionalen Folgen mehr. Anna kann unbefangen von ihrem Erlebnis erzählen. Interessant ist jedoch, an welche Merkmale sie sich noch gut erinnert und welche sie nicht mehr rekonstruieren kann. So ist ihr nicht mehr bewusst, welche Auswirkungen der Vorfall konkret auf ihr Verhalten hatte. Es zeigt sich jedoch, dass sie sich noch gut an die Hilflosigkeit erinnern kann, die sie empfunden hat sowie an die Angst vor Konsequenzen, die aufgrund der Öffentlichkeit der Homepage hätten eintreten können.

6.2.1.2 Simon

Simon war Mitglied in einem Automobilclub, in dem er sich sehr engagierte. Zwei andere Mitglieder des Clubs schienen Simons Einschätzung nach neidisch auf ihn zu sein. Julian, bisher ein guter Freund von Simon, gönnte es ihm nicht, „dass ich da mehr und mehr in der Hierarchie nach oben steige." Der andere ärgerte sich darüber, „dass ich mehr Ahnung von der Materie hatte." Sie sorgten gemeinsam dafür, dass Simon sich im Club nicht mehr wohl fühlte und schließlich austrat.

Privat betreibt Simon ein Internetforum über ein bestimmtes Modell einer Automarke, in diesem Forum ist Julian ebenfalls Mitglied. Nach Simons Austritt verhielt er sich jedoch weiterhin normal. Aber „[...] von einem Tag auf den anderen hat es ‚klick' gemacht. Die Wortwahl von ihm wurde schon irgendwie direkter, so * Beispiele habe ich jetzt keine, so eine Trietzerei, aus der Reserve locken. Und genau am selben Tag, wo er das gemacht hat, hat sich dieser andere auch dort angemeldet." Sie verfassten Nachrichten in dem Forum, wie z. B. „‚jetzt läuft im Club plötzlich alles anders, da gewisse Personen raus sind. [...] und plötzlich tun sich ja so Freundschaften entwickeln und jetzt läuft alles so toll' und auf dieser Schiene lief das dann eine ganze Weile." Sie nannten seinen Namen und den Automobilclub nicht, beschimpften oder beleidigten ihn auch nicht, sondern verfassten indirekte Bemerkungen, die ausschließlich auf ihn bezogen waren. „Und jemand, wo jetzt außerhalb steht – das ist es ja – der kann das gar nicht verstehen, der sieht den Zusammenhang gar nicht. Und das war wirklich so geschrieben, dass es mich eben trifft. Das war eindeutig."

Über einen Zeitraum von vier bis fünf Monaten haben sie weitere Bemerkungen auf diese Art und Weise in das Forum geschrieben. Durch einen Bekannten erfuhr Simon, dass die beiden ihn provozieren wollten, bis er so stark betroffen ist, dass er das Forum schließt. Daher hat Simon sich entschieden nicht auf die Einträge zu reagieren.

„Mir hat es übelst in den Fingern gejuckt. Jedes Mal wollte ich gerne was dazu schreiben, aber dann habe ich gedacht, das ist genau, was die erreichen wollen. Klar, weil wenn ich jetzt was dazu schreibe, dann haben sie mich da, wo sie mich haben wollen und dann drücken sie es mir rein. Dann machen sie es öffentlich. Dann habe ich gedacht, ich stelle mich ganz sicher nicht in meinem eigenen Forum bloß und bin auf alle Sachen, was sie probiert haben, nicht eingegangen."

Das Cyber-Mobbing ist in diesem Fall eine Fortsetzung des traditionellen Mobbings. Die beiden Mitglieder mobben Simon zunächst im Automobilclub. Nachdem er dort ausgetreten ist, ist dies nicht mehr möglich und sie verwenden daraufhin das Forum.

Die Einträge verfolgt Simon mit großer *Aufmerksamkeit*. Ständig schaut er nach, ob neue Einträge verfasst wurden.

„Also, das war ja dann schon fast der Hang zur Computersucht oder zu der Onlinesucht. Ich muss online gehen, um das zu überprüfen."

„Selbst wenn ich am PC gewesen bin und habe etwas für die Arbeit geschrieben, einen Bericht oder so, habe ich mich echt ertappt alle Viertelstunde oder so: ‚Ach, jetzt guck doch schnell nach', Mausklick, rein ins Internet geguckt: ‚Ah, ist nichts drin.' Wieder raus und wieder mit der Arbeit weiter. Man kann sich nicht mehr konzentrieren, wenn man sich in Zehn-Minuten-Schritten immer wieder ablenken lässt."

Auch sonst kreisen seine Gedanken ständig um das Thema. Er überlegt sich, wie er dagegen vorgehen kann, wie er die Vorfälle beenden kann etc. Für den Bereich der *Wahrnehmung* des Umfelds, d. h. der anderen Forennutzer, kann man festhalten, dass aufgrund der Tatsache, dass diese die Einträge nicht negativ bewerten, sie auch keine Reaktionen darauf zeigen können. Trotzdem fürchtet Simon diese Situation. „Es kamen Gott sei Dank keine Fragen, aber diese Ungewissheit, was sagste jetzt, warum die das machen?" Nach einem bestimmten Zeitraum werden belanglose Informationen im Forum automatisch gelöscht. Dann kann Simon die Einträge zwar „noch nachlesen, aber im Nachhinein interessiert es mich nicht mehr, weil es ist nicht mehr öffentlich.

Es kann keiner mehr nachlesen. Ich kann es noch lesen als Administrator. Aber jeder andere Benutzer sieht diese Dateien nicht mehr." Dies macht deutlich, was für eine große Wirkung er den einzelnen Beiträgen und damit dem Faktor Öffentlichkeit beimisst. Er wird von der ständigen Angst geplagt, die Einträge könnten die anderen Nutzer beeinflussen. Seine Isolationsfurcht wird dabei bemerkbar: Er hat Angst, öffentlich diskreditiert zu werden und negativ aufzufallen. Diese Gedanken bestimmen seinen Alltag.

> „Es bohrt einen übel auf. Man wird wirklich von Tag zu Tag echt immer mehr da rein gezogen. Das bohrt schon übel. Also, so Selbstmordgedanken hatte ich jetzt nicht. [...] Aber man ist immer am Überlegen: ‚Wie kriegst du die da raus?'"

> „Ich habe dann irgendwann gesagt: Ich guck jetzt mal eine Woche gar nicht rein, dass ich mich gar nicht aufregen muss. Das hältst du irgendwann gar nicht aus. Du willst wissen: Was wird über dich geschrieben? [...] Und ich krieg es nicht mit und könnte es dann noch kontrollieren oder könnte mich dann noch dazu äußern, um mich ins rechte Licht zu rücken. Wer weiß, was sie vorhaben. Das hat mich immer wieder täglich an den Computer gezogen, nur um reinzugucken. Ist irgendwas? Okay, es ist nichts"

Betrachtet man den Bereich der *Kognitionen*, zeigt sich, dass Simon die Einträge über sich als falsch bewertet. Als emotionale Reaktionen zeigen sich besonders die *Emotionen* Ärger und Wut. Er ärgert sich vor allem darüber, dass er keine Möglichkeiten hat, dagegen vorzugehen und dass er so machtlos ist. Denn er kann die beiden Nutzer aus dem Forum nicht ausschließen, da sie ihn nicht direkt beleidigen oder bedrohen.[51]

Dies hat auch Auswirkungen auf sein Verhalten. Er bemerkt, dass er sehr aggressiv wird. „Ich habe mir echt schon Pläne geschoben, wie ich den echt – man darf es fast nicht laut sagen – wie ich den um die Ecke bringe." Ernst gemeint ist diese Aussage nicht, er ist selbst überrascht, welche Reaktionen dies bei ihm verursacht:

> „Das ist Wahnsinn. Und da merkt man erst mal, wie man sich auf so was versteift. Ich habe mit dem privat nichts zu tun. Ich hab den seit einem halben Jahr bestimmt nicht mehr gesehen. Aber das passiert nur über das Internet, über das geschriebene Wort."

---

[51] „[...] wenn Ausdrücke fallen oder verbale Auseinandersetzungen, eben in bestimmten Ausdrucksformen enden, dann habe ich natürlich eine Handhabe. So weit kam's gar nie. Es war ja immer adäquate Unterhaltung zwischen den beiden über mich, aber immer indirekt."

„Und ich hab dann echt hin und her überlegt, was mache ich, wenn ich jetzt an eine Tankstelle fahre und der steht genau an der Kasse vor mir. Was machst du dann? Und diese Überlegungen, die spinnen sich immer weiter. Das ist echt erbärmlich. Auch wenn ich sag: ‚Nicht mehr dran denken‘, geht es trotzdem immer weiter."

Auch für seinen Alltag hat das Mobbing Konsequenzen. Simon plante beispielsweise zu einem Treffen der Forum-Mitglieder zu fahren. Als er erfährt, dass die beiden anderen Mitglieder ebenso kommen wollen, sagt er ab.

Darüber hinaus beschreibt Simon psychische Auswirkungen, die denen des traditionellen Mobbings ähneln. So berichtet er beispielsweise von Schlaflosigkeit und Stress; aber auch von psychosomatischen Reaktionen wie Neurodermitis, die bei ihm ab diesem Zeitpunkt einsetzte.[52] Durch die oben beschriebenen Bemerkungen im Bereich der Wahrnehmung wird deutlich, dass die Auswirkungen vor allem aufgrund der *großen Reichweite* der Einträge so enorm sind. Zusätzlich beschreibt Simon Konsequenzen, die aufgrund der *Dauerhaftigkeit* der Einträge und durch die *Verschriftlichung* der Einträge auftreten.

„Also, der Unterschied liegt darin, wenn ich jetzt mit der Person so rede oder so gemobbt werde oder die Person anwesend ist, macht das den Unterschied zum geschriebenen Wort. Schon einmal der Anblick des geschriebenen Worts löst ja eigentlich ganz andere Emotionen aus."

„Wenn mich so einer mobbt, dann passiert es im Gespräch und das Gespräch ist vorbei. Ich kann mich an das Gespräch noch erinnern, aber wenn es im Internet passiert, kann ich es ja jederzeit nachlesen, sei denn es ist ein Chat, der regelmäßig seine Einträge löscht. Aber in einem Forum kann ich ja selbst nach drei Wochen noch mal nachschauen. Wie hat der das geschrieben? Und ärger mich gleich noch mal darüber."

Die Tatsache, dass Simon Administrator in dem Forum ist, spielt in diesem Fallbeispiel ebenfalls eine Rolle. Dadurch verfügt er über Möglichkeiten, die andere Nutzer nicht haben, und er bemerkt Folgendes:

---

[52] „Früher habe ich immer gedacht, so was kann man sich nicht zu Herzen nehmen. Jetzt hat es mich selber getroffen. Also, es fängt bei Schlaflosigkeit an. Bis hin zu einfach so spontanes Grübeln: ‚Scheiße, was mach ich da, wie komme ich da wieder raus?'"

„Aber das ging wirklich so weit, also wirklich um elf oder zwölf ins Bett zu gehen und dann wirklich bis fünf dazuliegen und nur zu grübeln, wie kriegst du die da raus. Wie handhabst du das? Was machst du, wenn du einen von beiden privat triffst?"

„Das hat mich wirklich so nervlich kaputt gemacht, dass es bei mir angefangen hat mit Neurodermitis, und das ist ja auch psychisch."

„Das Dubiose war dann, das wussten die nur nicht, da ich als Administrator sämtliche Hintergründe sehe, konnte ich sehen, dass die das von einem einzigen PC ausgeübt haben. Es hat sich der eine eingeloggt, hat einen Satz geschrieben, hat sich ausgeloggt, der andere hat sich wieder eingeloggt, hat wieder eine Antwort gegeben und haben mich da praktisch gemobbt."

„Ich hab genau gesehen, wie die am Computer sitzen, lachen sich ins Fäustchen und denken: ‚Wie hau ich ihn jetzt in die Pfanne? Was machen wir jetzt für einen Spruch? Hey, jetzt probieren wir es auf der oder der Schiene.' Das war mir ganz klar."

Er stellt sich die Situation bildlich vor. Wäre er nicht Administrator, „hätte [ich] mich darüber gar nicht aufgeregt. Ich hätte gedacht, die unterhalten sich von ihren PCs aus und das verstärkt das natürlich nur, wenn ich weiß, die machen ein Spielchen mit mir."

Bei Simon treten somit aufgrund des Cyber-Mobbings sowohl *direkte Effekte* durch die Einträge selbst als auch *indirekte Effekte* auf. Die indirekten Effekte entstehen dabei nicht durch explizites Verhalten seines Umfelds – weder durch primäre noch durch sekundäre Viktimisierung – sondern allein durch die *Angst*, dass die Einträge Auswirkungen auf andere Personen haben könnten.

Zum Zeitpunkt des Interviews hatten die Täter seit über einem Monat keine Einträge mehr verfasst. Als Resultat treten die genannten psychischen und psychosomatischen Auswirkungen nicht mehr so stark auf, Simon ist wesentlich ruhiger und gelassener. Er fügt jedoch hinzu: „Ich weiß nicht, was passiert wäre, wenn das jetzt immer noch so wäre mit dem anderen. Also, könnte ich jetzt gerade nicht weiter spinnen, was da passiert wäre (LACHT). Also, es war wirklich schlimm."

Die Verbesserung seiner psychischen Verfassung bezieht er vor allem darauf, dass einer der beiden, über dessen Einträge er sich am meisten ärgerte, nicht mehr aktiv ist und er die Vorfälle nun weniger emotional betrachten kann. „der [andere] will mich immer an derselben Stelle treffen. Wie eine Dartscheibe. […] Und da habe ich inzwischen so eine Hornhaut, dass es mich nicht mehr juckt." Hier zeigt sich, dass der *zeitliche Abstand* zu dem Vorfall einen entscheidenden Einfluss auf die Emotionen und das Verhalten eines Online-Opfers haben kann. Bereits nach einem Monat hat sich die Situation deutlich verbessert. Trotzdem hat Simon weiterhin das Bedürfnis, die Einträge regelmäßig zu überprüfen. Ein bis zwei Mal pro Woche kontrolliert er weiterhin die Aktivitäten der beiden Mitglieder in seinem Forum.

6.2.1.3 Frau Müller

Zwei Schülerinnen beschwerten sich bei der Schulleitung, weil sie im Abitur-Forum von Klassenkameraden auf sexistische Weise beleidigt wurden. Die Schulleitung schaute sich daraufhin das Forum an und stieß dabei auch auf mehrere diffamierende Aussagen über Lehrer der Schule. Die Schulleitung entschied zunächst, „Fürsorgepflicht walten zu lassen und die Kollegen nicht zu informieren." Der Oberstufenkoordinator hielt das jedoch nicht für die richtige Entscheidung und informierte die betroffenen Lehrer, unter anderem Frau Müller, über die Einträge. Er kopierte die Textstellen und übergab sie ihnen. In dem Forum beleidigte eine Schülerin Frau Müller, indem sie schreibt: Dann „… spuck ich dir in deine hässliche Visage, du alte dumme Hure." Außerdem verbreitete sie Lügen über Frau Müller. Die Beschimpfung geht ihrer Ansicht nach auf einen Vorfall zurück, den sie noch in Erinnerung hat: Die Schülerin war mit der Notengebung von Frau Müller nicht einverstanden. Noch am gleichen Tag, als Frau Müller von den Beleidigungen im Internet erfährt, hat sie Unterricht in der Klasse der Schülerin. Vor dem Unterricht sprach sie diese darauf an und sagte sie „sei eben sehr betroffen. Und auch traurig oder so. Aber gut, wenn sie sich glaubhaft entschuldigen würde, dann sei die Sache für mich in Ordnung so." Die Schülerin stritt die Täterschaft ab. Frau Müller war darüber sehr verärgert, hat aber beschlossen, vorerst nichts zu unternehmen. Als sie dann erfuhr, dass die beiden Schülerinnen, die auch betroffen waren, von der Schulleitung nicht unterstützt wurden, entschied sie sich, gemeinsam mit den Schülerinnen Anzeige zu erstatten, als „ein Akt von Solidarität." Sie machte sich keine Hoffnung auf Erfolg, wollte dadurch aber an der Schule ein Zeichen setzen. Die Klage der Schülerinnen wurde abgewiesen. Die Lehrerin hatte die Möglichkeit Strafanzeige zu erstatten, lehnte dies aber ab, da sie vermutet, „dass ich wahrscheinlich als Lehrerin das ertragen muss, so bezeichnet zu werden, obwohl ich es ungeheuerlich finde." Sie versuchte, die Angelegenheit im Rahmen der Schule zu klären; es fanden Gespräche mit Schulleitung und Eltern statt. Die Eltern stritten ebenso ab, dass ihre Tochter die Einträge verfasst hat. „[…] zuerst hieß es, das sei wohl der kleine Bruder gewesen", aber dann haben sie „sich was Tolles überlegt, dass es ihre Tochter nicht gewesen sei, weil sie gleichzeitig eben eine Party gehabt hätten mit 20 jungen Leuten und der Computer an war." Einer der Gäste habe im Namen der Schülerin die Einträge in das Forum geschrieben. „Obwohl es also ganz eindeutig war, auf was sich das bezog. Das hätte jemand anderes so gar nicht formuliert." Frau Müller wollte die Schülerin daher nicht mehr unterrichten, da sie befürchtete, ihr werde vorgeworfen, sie sei nicht objektiv. Die Eltern drohten daraufhin mit einer Klage, falls ihre Toch-

ter den Kurs wechseln müsse. Da Frau Müller den Kurs aber nicht abgeben
wollte, entschied sie sich, die Schülerin weiter zu unterrichten, da sie sich
sonst in doppelter Hinsicht als Opfer gesehen hätte.

Die Originaleinträge im Forum hat sie nie gelesen. Die Schülerin löschte
diese direkt, nachdem bekannt wurde, dass die Lehrerin darüber informiert
war. Sie kann den Einträgen selbst damit keine erhöhte *Aufmerksamkeit* schen-
ken, aber die Ausdrucke hat sich Frau Müller mehrmals angeschaut, überlegt
sich allerdings, sie nach dem Interview wegzuwerfen. „Ich habe das jetzt zwar
aufgehoben, aber ich habe jetzt heute gerade gedacht, ich hole das mal raus,
ich glaube, ich werfe das auch weg. Das ist so meine Art, dass ich dann Tabula
Rasa mache." Im Forum selbst kontrollierte sie nicht, ob nun neue Einträge
folgen: „Da ist mir meine Zeit zu schade."

Die Situation, in der sie das erste Mal die Einträge liest, beschreibt sie folgendermaßen: „Ja, es ist mir erst mal so die Luft weggeblieben, und das war so
ein Schlag wie in den Magen, und mir war es erst mal schlecht." Auch die Beleidigungen („spuck ich dir in deine hässliche Visage") kann sich Frau Müller
„sehr bildhaft vorstellen". Die Einträge liest sie an einem Freitag vor einem
verlängerten Wochenende, welches ihr dadurch komplett „verdorben" wird.
Auch die folgende Zeit empfindet sie als Belastung, da sie das Gefühl hat, ihr
würden falsche Dinge nachgesagt. Wie in den beiden vorhergegangenen Fällen
auch bewertet das Opfer die Einträge als falsch. Frau Müller ist entsetzt, dass
die Schülerin „die Frechheit hat oder die Unverschämtheit hat, mich so anzugehen unterhalb der Gürtellinie." Zusätzlich fügt sie hinzu: „ich bin damals
schon 35 Jahre im Dienst gewesen" und macht deutlich, dass sie enttäuscht
ist, dass sie das Problem mit der Schülerin nicht pädagogisch lösen konnte.
Insgesamt, sagt sie, habe der Vorfall sie emotional sehr belastet. Es treten vor
allem die *Emotionen* Betroffenheit, Anspannung, Enttäuschung und Ärger auf.
Doch die Dauer der Emotionen ist auf einen begrenzten Zeitraum beschränkt. „[…] also, das hat mich betroffen gemacht so bis zu den Sommerferien und dann hatte ich dann endlich mal Abstand und das war dann eben
auch eine bewusste Entscheidung von mir, […] dass ich keine Strafanzeige
stelle."

Betrachtet man den Bereich der *Wahrnehmung,* so zeigt sich, dass Frau Müller den Einträgen großen Einfluss auf andere Personen beimisst. Der Aspekt
der Öffentlichkeit spielt dabei eine entscheidende Rolle. „[…] eben auch die
Vorstellung, dass das so und so viele gelesen haben können, das hat mich sehr
betroffen gemacht." Auf diese Personen, vermutet sie, hat das Gelesene einen
großen Einfluss.

„[...] ich habe erlebt, dass eine Reihe Schülerinnen ausgesprochen
freundlich mich gegrüßt haben oder ich hab es mir eingebildet. Und das
war einenteils nett, aber andrerseits dachte ich: ‚Aha, die haben das auch
gelesen.' Und ich konnte mich dann nicht so darüber freuen, weil das ja
irgendwo auch eine Bloßstellung ist."

Hier handelt es sich um eine sekundäre Viktimisierung, denn Frau Müller
unterstellt den Schülerinnen eine Verhaltensänderung und bezieht sie auf den
Vorfall. Sie ist sich durchaus bewusst, dass es sich dabei um ein Verhalten
handeln kann, das sie sich einbildet. Trotzdem wirkt sich dies auf ihr Verhalten aus.

„[...] wenn man sich eben darüber im Klaren ist, dass das eine Art von
Verfolgungswahn ist, dann muss man sich ja dauernd kontrollieren und
ist dann eben noch befangener und * ja es lässt keine spontane Reaktion
für eine ganze Zeit lang zu. * Naja gut, natürlich, dieser Schülerin gegenüber kann ich überhaupt nicht mehr spontan reagieren. Ich kontrolliere
mich dauernd."

Wiederholt macht sie deutlich, wie groß die Bedeutung der Öffentlichkeit für
sie ist:

„Und eben diese neue Qualität, dass das eben wer weiß wer lesen konnte,
wer in dem Forum drin war, dass das Schulgespräch werden konnte oder
hat sein können. Weiß ich ja nicht, aber es ist anzunehmen. Was eben eine ganz andere Qualität hat, als wenn sie eben ihrer Freundin gesagt hätte: ‚Die ist eine doofe Kuh.' [...] Ich hätte das erstens nicht mitbekommen, zweitens hätte das nur die Freundin mitbekommen und das wäre
einzustufen gewesen als eine Entgleisung, aber die momentan, kurzfristig
ist. Während eben durch dieses Niederschreiben und die Möglichkeit,
dass es doch wer weiß wer lesen kann, bekommt das eben eine andere
Qualität, eine sehr viel ernstere."

Besonders stört es sie, dass sie selbst keine Kontrolle darüber hat, wer alles
über den Vorfall informiert ist und wie sich Personen in ihrem Umfeld von
diesen Aussagen beeinflussen lassen. Sie betont: „Ich bin Großmutter", um
deutlich zu machen, was es für sie bedeutet auf so eine Art und Weise beschimpft zu werden. Es wirken somit sowohl indirekte als auch direkte Effekte auf sie ein. Zum einen machen sie die Einträge selbst betroffen, zum anderen die daraus resultierenden Auswirkungen aufgrund der *Reichweite* der Einträge.
   Der *Umgang mit dem Thema* hat einen entscheidenden Einfluss auf den weiteren Prozess der Auswirkungen. Frau Müller ist über die Reaktionen anderer

Lehrer sowie die Reaktion der Schülerin enttäuscht. Mehrere Kollegen wenden sich an sie und meinen: „Damit muss man leben, das bedeutet doch heute nichts mehr." Außerdem stört es sie sehr, dass die Schülerin sich nicht für ihr Verhalten entschuldigt hat. „Gut, ich habe daran geknapst. Das war klar. Aber ich hätte dann besser einen Strich in meinem Verhältnis zu diesem Mädchen darunter machen können." Erst nach den Sommerferien, als sie über einen längeren Zeitraum nicht mit dem Thema konfrontiert worden ist, fühlt sie sich wieder unbefangen.

Darüber hinaus hat sie den Eindruck, bei den Schülern werden gleiche Aussagen im Internet anders wahrgenommen als in der realen Welt. Sie beschreibt das an dem Beispiel einer anderen Lehrerin, die von der gleichen Schülerin im Unterricht als „Hure" bezeichnet wurde. Mitschüler hätten darauf empört reagiert, nicht jedoch auf die gleiche Aussage in dem Forum. „[...] diese unterschiedliche Reaktion zeigt mir, dass offensichtlich bei den Schülern die Vorstellung da ist, was sie da im Internet machen, was sie da schreiben, ist weniger schlimm als das jemandem ins Gesicht zu sagen."

6.2.1.4 Herr Schneider

Herr Schneider, Lehrer an einer Realschule, wurde von Schülern darauf hingewiesen, dass sich Klassenkameraden im SchülerVZ negativ über ihn äußerten. Zunächst reagierte er nicht darauf. Einige Wochen später erhielt er unabhängig davon von einem Bekannten eine Einladung in das SchülerVZ. Dort betrachtete er die Profile seiner Schüler und entdeckte Einträge über seine Person, „die ich allerdings als nicht sonderlich tragisch angesehen habe." Er verfolgte das dann nicht weiter, bis ihn erneut Schüler auf weitere Einträge in einer SchülerVZ-Gruppe aufmerksam machten. Er schaute sich die Gruppe an und las dort mehrere diffamierende Äußerungen über sich: „,Wenn er sich zur Tafel dreht, dann stecken wir ihm ein Messer in den Rücken.' Oder ,der Hurensohn, der muss gekillt werden.'" Er speicherte die Äußerungen und zeigte sie der Schulleitung. Gemeinsam meldeten sie den Betreibern von SchülerVZ den Vorfall und die Einträge wurden sofort gelöscht.

Ab diesem Zeitpunkt verfolgt er das Portal mit erhöhter *Aufmerksamkeit*: „Ich habe dann natürlich gleich mal im SchülerVZ ein bisschen häufiger nachgeschaut." Da er von den Schülern schon vorbereitet war und sich daher bereits dachte, dass es sich um negative Äußerungen handeln muss, ist er in dem Moment als er die Einträge liest, nicht sehr betroffen. Außerdem hatte er sich im Vorfeld das Portal bereits genau betrachtet und „weiß, was Schüler da so vom Stapel lassen." Stärkere Auswirkungen verspürt er in der Situation zuvor, als er durch die Schüler von den Einträgen erfährt. Die Fragen „was steht da jetzt über einen? Welchen Einfluss hat das jetzt, was dort steht?" gehen ihm durch den Kopf. Er denkt sofort an die möglichen Konsequenzen:

> „Ob das jetzt wahr ist oder nicht wahr ist, darauf hat man ja keinen Einfluss. Das weiß man ja nicht und das kann natürlich auch – und ich hab das schon häufig mitbekommen – im Internet kann ja zumindest erstmal jeder runter geputzt werden. Ja, und wenn das natürlich in so einem öffentlichen Bereich ist, wo natürlich auch sehr viele Schüler da eben auch kommunizieren und auch daran teilnehmen, also, das wäre mir schon sehr unrecht."

Im Verlauf des Interviews geht er noch einmal auf diese Situation ein: „In dem Augenblick wo das so raus kommt, dann ist man natürlich so ein bisschen von angespannt bis geschockt, irgendwo was dazwischen wird das sein. Und * da ist ja dann die Frage, wie sich das weiterentwickelt." Bezogen auf den Bereich der *Wahrnehmung* des Umfelds glaubt er trotzdem, keine Verhaltensänderungen zu bemerken. Später fügt er jedoch hinzu, dass er sich in den Wochen nach Bekanntwerden des Vorfalls von seinen Schülern beobachtet gefühlt hat. Diese Zeit war „schon sehr schleppend, sehr zäh und so ein bisschen aufreibend, wenn man dann morgens zur Schule gekommen ist und man hat das Gefühl man wird ständig sehr beobachtet." Dies entspricht einer sekundären Viktimisierung, da es sich um ein von Herrn Schneider vermutetes Verhalten handelt. Dies hängt mit der Tatsache zusammen, dass die Einträge in einer für jedes SchülerVZ-Mitglied zugänglichen Gruppe standen:

> „Der wesentliche Unterschied ist, alles was im Internet ist, ist eben öffentlich. Ist egal ob das ein nicht-öffentliches Forum oder so etwas ist, [...] das ist nun eben überall abrufbar. Man kann es überall erkennen und das ist natürlich ein Höchstmaß an Diffamierung. [...] Da werden viele Leute mit rein gezogen, die damit überhaupt nichts zu tun haben und die sofort dann ein gewisses Bild von einem haben."

Dies wird auch deutlich, als er darauf hinweist, dass „nicht nur die 200[53], alle" Schüler diese Einträge lesen können. Er vermutet, dass die Einträge auch auf Personen, die er nicht persönlich kennt, Auswirkungen haben. „Die anderen Leute, die das dann irgendwie lesen. [...] selbst wenn man nie mit denen Kontakt hatte. Aber wenn man dann auf solche Leute trifft, dann wissen die schon Bescheid." Besonders über die Reaktion der Eltern macht sich Herr Schneider Gedanken. Er vermutet, dass viele Eltern durch ihre Kinder von den Vorfällen erfahren, sich die Einträge selbst anschauen und daraufhin den-

---

[53] Es sind 200 Schüler dieser Realschule im SchülerVZ angemeldet.

ken: „Ah, der Lehrer Schneider an dieser Schule. Ja, da wird das dann auch einen Grund haben." Er beschreibt den folgenden Prozess: Es werden immer mehr Eltern, die immer negativer über die Lehrer bzw. die Schule denken. Diese Entwicklung beschreibt er als „ganz skurril." Aus seiner Perspektive entsteht eine Diskrepanz zwischen der Fremddarstellung seiner Person und seiner eigenen Wahrnehmung. Es stört ihn sehr, dass er auf diese Entwicklungen keinen Einfluss nehmen und seine Person nicht ins rechte Licht rücken kann. „Ich kann mich da ja nicht anmelden und sagen: ‚Nein, das ist nicht so'. Glaubt mir dann sowieso keiner." Er ist letztlich machtlos.

Für den Bereich der *Kognitionen* kann man festhalten, dass Herr Schneider den Einträgen nicht zustimmt und deren Inhalt als falsch bewertet. Es treten bei ihm besonders die *Emotionen* Anspannung und Nervosität auf. „Sonst hat mich eigentlich nie was so in dem Maße bewegt, aber das fand ich schon, diese drei Wochen, die dazwischen vergangen sind, die waren schon * etwas, sagen wir bedrückend." Nach etwa drei Wochen findet eine Konferenz statt. Die emotionalen Auswirkungen empfindet er vor allem in diesem Zeitraum. Bereits aufgrund der Mitteilung in der Klasse, dass er über die Angelegenheit informiert sei sowie die Ankündigung der Konferenz verbessert sich für ihn die Situation im Unterricht. Außerdem erstattet er gegen zwei Schüler Strafanzeige.

> „Und insofern war das dann auch für die Schüler klar, was da passiert. Da waren die Fronten zumindest geklärt. Und das hat zumindest die Situation selbst erleichtert, dass man da auch wieder Unterricht machen oder dass ich zumindest wieder Unterricht machen konnte."

Für den Bereich der *mentalen Kontrolle* zeigen sich bei Herrn Schneider keine starken Auswirkungen. Er glaubt oder hofft auch nicht, dass er sich in seinem Verhalten verändert hat – trotz der gefühlten Beobachtung durch die Schüler.

Von seinem Kollegium hat er insgesamt große Unterstützung erfahren, denn „[…] es waren noch weitere Kollegen davon betroffen. […] Bei mir war das am heftigsten von der Art und Weise, wie weit man da gegangen ist. Aber ansonsten war ich da nicht alleine und jeder weiß, er kann da genauso gut stehen." Die Reaktionen der Schüler nach dem Vorfall waren sehr unterschiedlich. Einige sind sofort auf ihn zugekommen und haben sich glaubhaft entschuldigt. Andere dagegen entschuldigten sich weniger überzeugend oder überhaupt nicht. Sehr geärgert hat sich Herr Schneider über diejenigen, die sich nicht glaubhaft entschuldigt haben.

Bei Herrn Schneider treten somit größtenteils indirekte Effekte auf. Direkte Effekte aufgrund der Einträge selbst verspürt er kaum, da er die Einträge nicht ernst nimmt. Ebenfalls einen Einfluss auf den Prozess der Auswirkungen haben die *Reichweite*, die *Dauerhaftigkeit* und die *Verschriftlichung* der Einträge.

Alle betroffenen Schüler mussten die jeweiligen von ihnen selbst verfassten Passagen vor der Lehrerkonferenz vorlesen und dazu Stellung nehmen. Das hat für die Schüler ein Zeichen gesetzt und „und das hat auch schon klar und deutlich gemacht, wo das Problem liegt. Vor allem, wie wir das Ganze auch angehen und das hat schon sehr beruhigt." Dadurch schätzt er die Gefahr neuer Einträge als gering ein und die Situation belastet ihn nicht mehr. Er kann unbefangen unterrichten. Das liegt, seiner Ansicht nach, vor allem an der guten Verarbeitung des Vorfalls. Der Prozess der Auswirkungen kann bei Herrn Schneider eindeutig in zwei Phasen aufgeteilt werden: in die drei Wochen von Bekanntwerden des Vorfalls bis zur Konferenz und in den Zeitraum danach. Während er die Situation in der ersten Phase als sehr angespannt erlebt hat, treten danach kaum noch Auswirkungen bei ihm auf. Denn nach der Konferenz normalisiert sich die Situation wieder. Das macht deutlich, wie wichtig der richtige *Umgang mit dem Problem* ist und wie wichtig es ist, das Problem nicht einfach zu verdrängen. Hilfreich war dabei vor allem, dass die Kollegen hinter ihm stehen, und auch einige Eltern „das für eine Unmöglichkeit gehalten haben." Denn „[...] letztendlich ist ja so eine Nachbereitung immer ziemlich wesentlich, wenn irgendwas schief gelaufen ist."

6.2.2 Fallübergreifende Auswertung

Im Anschluss an die Darstellung der einzelnen Fälle erfolgt in diesem Kapitel eine fallübergreifende Auswertung. Von Interesse sind dabei sowohl die Gemeinsamkeiten als auch die fallspezifischen Besonderheiten. Das Ziel ist die Identifikation typischer Handlungsmuster, die bei den Opfern nach dem Mobbingfall beobachtet werden können.

Als erstes Ergebnis zeigt sich, dass Cyber-Mobbing Auswirkungen auf die Opfer in der realen Welt hat. In keinem der vier Fallbeispiele bleibt das Opfer unberührt oder gibt an, keine Auswirkungen zu verspüren. Das Gegenteil ist der Fall. Die Ereignisse in der virtuellen Welt werden auf die reale bezogen, und die Opfer verspüren vor allem hier die Konsequenzen. Diese können entsprechend dem Modell reziproker Effekte von Kepplinger in direkte und indirekte Effekte unterteilt werden. Die Opfer berichten erstens von direkten Effekten aufgrund der Einträge selbst, zweitens aber auch von indirekten Effekten, die aus dem Verhalten des Bekannten- und Freundeskreis resultieren. Wie auch schon im vorigen Kapitel basiert die Analyse auf den Kategorien Aufmerksamkeit, Wahrnehmung, Kognitionen, Emotionen und mentale Kontrolle.

Tab. 7: Übersicht der Auswirkungen auf die Opfer

Bereich / Opfer	Aufmerk-samkeit	Wahrneh-mung (Umfeld)	Kognitio-nen (Faktizität)	Emotio-nen	Kontrolle (Verhalten)
Anna	nicht möglich	Verhaltens-änderungen	falsch	Trauer, Ärger	Macht-losigkeit
Simon	stark erhöht	Angst vor Verhaltens-änderungen	falsch	Ärger, Wut	Macht-losigkeit
Müller	erhöht	Verhaltens-änderungen	falsch	Betrof-fenheit, Ärger	kontrollier-tes Verhalten
Schneider	erhöht	Verhaltens-änderungen	falsch	Anspan-nung	keine Verhaltens-änderung

Quelle: eigene Darstellung

Die Opfer, die die Möglichkeit haben, die Einträge zu lesen, verfolgen diese mit erhöhter *Aufmerksamkeit*. Im Fall von Frau Müller ist dies nicht direkt möglich, da die Einträge sofort gelöscht wurden. Sie verfügt aber über die Ausdrucke, welche sie mehrfach las. Anna ist zunächst nicht über die Homepage informiert und kann sich diese daher nicht betrachten. Auch als sie davon erfährt, schaut sie sich die Seite nicht an, was aber entweder daran lag, dass sie zu Hause noch kein Internet hatte oder dass ihre Eltern es nicht wollten. Simon und Herr Schneider wenden sich den Einträgen über ihre Person jedoch verstärkt zu. Auch Anna äußert, dass sie die Einträge gerne gelesen hätte. Simon erklärt, woher dieses Bedürfnis kommt: Man wolle zum einen wissen, was über die eigene Person geschrieben wird und was andere Personen über einen lesen können. Zum anderen möchte man möglichst zeitnah davon erfahren, um eine gewisse Art von Kontrolle über das weitere Geschehen zu haben, bzw. zumindest das Gefühl der Kontrollmöglichkeiten. Erfährt man erst viel später von den Einträgen, so verstärke dies zusätzlich das Gefühl, den Ereignissen ohnmächtig gegenüber zu stehen. Bei Simon führte dieser Drang zu einer Computer-Sucht.

Dies steht in Zusammenhang mit dem Bereich der *Wahrnehmung*. Hier geht es um die indirekten Effekte auf die Opfer, d. h. um die Reaktionen des Freundes- und Bekanntenkreises. Dabei kann sowohl eine primäre als auch eine sekundäre Viktimisierung auftreten. Anna wurde erst durch die Verhaltensänderungen ihrer Klassenkameraden auf den Vorfall aufmerksam, es handelt sich hierbei um eine primäre Viktimisierung. Sind die Opfer jedoch über die Vorfälle informiert, so scheinen verstärkt sekundäre Viktimisierungen im Vordergrund zu stehen: Die Opfer nehmen Veränderungen im Umfeld aufgrund der Vorfälle wahr, die teilweise wiederum Emotionen und Verhalten der Opfer beeinflussen. Erklärt werden kann die sekundäre Viktimisierung mit dem im Modell reziproker Effekte postulierte Third-Person-Effekt: Das Opfer überschätzt den Einfluss der Einträge auf sein Umfeld und bezieht daher Verhaltensänderungen, die es nun wahrnimmt, auf den Vorfall. Frau Müller glaubt, dass Schülerinnen sie aufgrund der Einträge aus Mitleid nun freundlicher grüßen. Egal, ob sie sich das möglicherweise einbildet oder es von den Schülerinnen auf eine nette Weise gemeint ist, sie nimmt dies als erneute Bloßstellung wahr. Auch Herr Schneider berichtet von einer sekundären Viktimisierung: Er meint, dass seine Schüler ihn nun stärker beobachten. Das steht damit in Zusammenhang, dass der Mobbingfall öffentlich stattfindet. Die Tatsache wird im Modell reziproker Effekte zwar vorausgesetzt, soll aber hier, da es sich um eine der entscheidenden Veränderungen gegenüber traditionellem Mobbing handelt, detaillierter betrachtet werden. Aufgrund der Öffentlichkeit der Vorfälle haben die Opfer Angst, dass die Vorfälle Auswirkungen auf ihr Umfeld haben und ihr öffentliches Bild beeinflusst werden könnte. Als Herr Schneider von dem Vorfall erfährt, denkt er zuerst an die Konsequenzen, die die Einträge nun haben werden. Auch Frau Müller stört es sehr, dass theoretisch jeder davon erfahren kann. Das gilt ebenso für Anna, die in dem Moment als sie über die Homepage informiert wird, sofort daran denkt, dass nun ein weitaus größerer Personenkreis als ihre Klasse darüber Bescheid wissen könnte. Bei Simon wird diese Angst am deutlichsten. Seine größte Sorge ist, dass andere Forum-Mitglieder von den Einträgen beeinflusst werden könnten. Obwohl er sich immer wieder klar macht, dass diese die Einträge überhaupt nicht verstehen können, fürchtet er sich vor deren Reaktionen. Die Opfer vermuten sogar einen Einfluss auf fremde Personen. Sie stellen sich die – relativ unrealistische – Situation vor, in der sie jemanden kennen lernen, der aufgrund der Einträge bereits ein schlechtes Bild von ihnen hat. Das heißt, auch hier tritt der Third-Person-Effekt aus. Daher ärgern sie sich sehr, dass sie kaum Möglichkeiten haben, dieses Bild über ihre Person in der Öffentlichkeit zu korrigieren. Sie können sich gegen das Mobbing nicht wehren und fühlen sich daher machtlos. Dieser soziale Schmerz wird somit bereits durch die Ge-

danken an mögliche Auswirkungen ausgelöst. Es muss gar nicht erst zu Verhaltensänderungen im Umfeld kommen. Unterschiede lassen sich dabei zwischen Jugendlichen und Erwachsenen feststellen. Während sich die Jugendlichen vor Verhaltensänderungen ihrer Peergroup fürchten, haben die Lehrer
Angst vor Reaktionen der Eltern und Schüler und nicht ihrer Kollegen oder
des Bekanntenkreises; sie befürchten, dass ihre pädagogische Qualifikation in
Frage gestellt wird.

Für den Bereich der *Kognitionen*, in dem sich die Frage nach der Faktizität
der Vorfälle stellt, lässt sich eindeutig festhalten, dass die Opfer den Inhalt der
Einträge als falsch bewerten. Dies ist nicht überraschend, da es sich hierbei
um eine Grundvoraussetzung von Mobbing handelt. Da die Opfer die Einträge subjektiv negativ bewerten und andere Akteure dafür verantwortlich gemacht werden, resultieren daraus die *Emotionen* Ärger und Wut, wie es die Appraisaltheorien postulieren. Diese Emotionen äußern sich bei den Opfern, die
die Täter kennen und das Gefühl haben, nicht dagegen vorgehen zu können.
Trauer zeigt sich, wenn das Opfer die Ursache für das Verhalten ihrer Mitschüler nicht kennt. Lehrer sind zusätzlich noch enttäuscht, dass sie das
zugrunde liegende Problem in der Schule nicht auf einem pädagogischen Weg
lösen konnten. Die Dauer der Emotionen wird bei den befragten Opfern vor
allem durch den *zeitlichen Rahmen* bestimmt, in dem Einträge geschrieben wurden. Der Zeitpunkt des letzten Eintrags wirkt sich ebenfalls auf die Emotionen aus. Bei allen befragten Opfern lagen die letzten Einträge mindestens einen Monat zurück. Es zeigt sich dass, ein Opfer umso unbefangener über
Mobbingeinträge berichten kann, je länger der Zeitpunkt des letzten Eintrags
zurückliegt. Mit zunehmender zeitlicher Distanz schwächen sich die emotionalen Auswirkungen deutlich ab.

Der Bereich der *mentalen Kontrolle* hängt eng mit der eigenen Wahrnehmung
zusammen. Vermuten die Opfer eine starke Wirkung auf andere und fühlen
sie sich machtlos, so wirkt sich dies auf ihr Verhalten aus. Da Anna sich einer
homogenen Gruppe ausgesetzt fühlt, reagiert sie – dem Modell reziproker Effekte entsprechend – hilflos und unternimmt nichts gegen das Verhalten der
Mitschüler. Auch bei Frau Müller wird der Zusammenhang zwischen den Bereichen Wahrnehmung und mentaler Kontrolle deutlich. Obwohl sie versucht,
sich klar zu machen, dass sie sich die Verhaltensänderungen einbildet und es
sich somit um eine „Art Verfolgungswahn" handelt, kann sie sich in der
nächsten Zeit nicht unbefangen verhalten. Sie muss sich ständig kontrollieren.
Das wiederum wird durch die Angst verstärkt, dass sich das Thema immer
weiter verbreitet, sie dadurch negativ auffällt bzw. öffentlich diffamiert wird
sowie die Angst im Anschluss an einen Vorfall erneut im Internet viktimisiert
zu werden. Besonders bei Simon zeigt sich, dass dies dazu führt, die Einträge

bzw. *mögliche* neue Einträge verstärkt zu beachten. Dies wiederum hat Konsequenzen für den Bereich der Wahrnehmung und der Emotionen. Wie Abbildung 3 deutlich macht, stehen diese Bereiche in einem zirkulären Zusammenhang. Dabei ist fallspezifisch, wo der Kreislauf beginnt. Bei Anna begann der Prozess im Bereich der Wahrnehmung, sie beobachtet eine Verhaltensänderung ihres Umfelds. Bei Simon und den beiden Lehrern begann der Prozess im Bereich der Aufmerksamkeit, d. h. sie haben zunächst von den Einträgen erfahren und daraus folgte dann die Beobachtung des Umfelds.

Die Untersuchung zeigt, dass sowohl indirekte als auch direkte Effekte auf die Opfer wirken. Welche Effekte dabei die größere Rolle spielen, scheint fallspezifisch zu sein bzw. hängt vermutlich mit dem Inhalt der Einträge zusammen. Herr Schneider nimmt die Einträge nicht ernst, daher verspürt er auch keine direkten Effekte. Simon jedoch treffen die Äußerungen der beiden Mitglieder sehr. Wie oben beschrieben ist die sekundäre Viktimisierung von größerer Bedeutung, wenn die Opfer über den Vorfall informiert sind, d. h. die Personen aus dem Umfeld zeigten kaum Reaktionen, die sich tatsächlich auf den Vorfall bezogen (z. B. direkte Fragen), sondern es traten verstärkt von den Opfern unterstellte Reaktionen auf. Es zeigt sich außerdem, dass bei den Opfern nicht nur Auswirkungen aufgrund der *wahrgenommenen* Viktimisierung selbst auftreten, sondern bereits aufgrund der *Angst* vor *möglichen* Verhaltenveränderungen des Umfelds. Dies wird besonders bei Simon deutlich.

Die Kategorien, die induktiv aus dem Material gewonnen werden konnten, entsprechen den Merkmalen von Cyber-Mobbing. Sie stellen die Rahmenbedingungen des Cyber-Mobbingprozesses dar und werden von den Opfern als Auslöser für die Auswirkungen wahrgenommen. Das bedeutet, dass die Veränderungen, die bei Cyber-Mobbing im Gegensatz zu traditionellem Mobbing auftreten, auch die entscheidenden Veränderungen für die Online-Opfer mit sich bringen.

Abb. 3: Prozess der Auswirkungen auf die Opfer

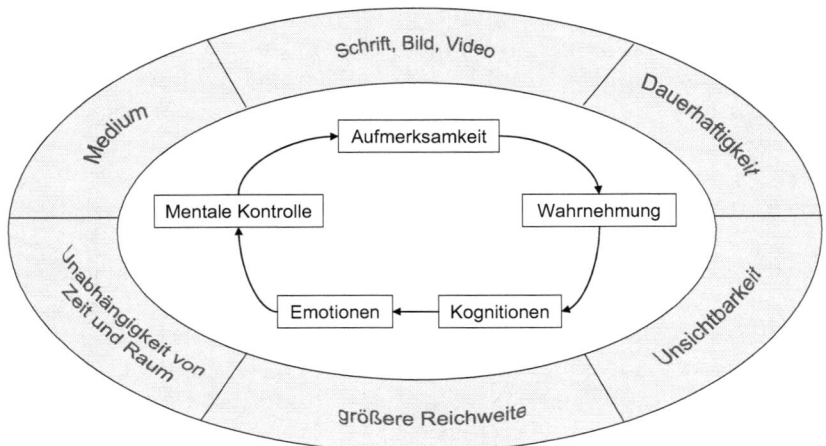

Quelle: eigene Darstellung

Da Cyber-Mobbing über ein *Medium* abläuft, schafft dies eine gewisse Distanz zwischen Opfer und Täter. Anna nimmt diese Art von Mobbing dadurch als anonymer wahr. Der Vorfall ist für sie nicht so greifbar, als wenn er sich in der realen Welt abgespielt hätte, und sie hat daher das Gefühl, nicht so gut darauf reagieren zu können.

In den vier Fallbeispielen waren die Einträge in *schriftlicher* Form vorhanden. Dies verändert die Auswirkungen im Vergleich zum gesprochenen Wort. Simon meint, auf das geschriebene Wort stärker zu reagieren, da der Mobbingfall dadurch noch deutlicher wird.

Auch die *Unsichtbarkeit* von Tätern und Opfern verstärkt den Aussagen der Opfer zufolge die Auswirkungen, denn aus ihrer Sicht wird das Mobbing dadurch „hinterhältiger". Die Bedeutung der mit diesem Merkmal verbundenen Anonymität kann hier nicht beurteilt werden, da in allen vier Fällen die Täter bekannt waren.

Darüber hinaus findet das Mobbing *unabhängig von Zeit und Ort* statt. Das bedeutet bei einem Mobbingfall, der sich über einen längeren Zeitraum hinzieht, so wie dies bei Simon der Fall war, eine ständige Unsicherheit. Gibt es wieder neue Einträge? Dieser Gedanke verfolgt das Opfer rund um die Uhr, denn die Täter haben theoretisch die Möglichkeit, zu jedem Zeitpunkt neue Einträge zu verfassen. Bei den Lehrern ist besonders relevant, dass sich die Rahmenbedingungen durch das Verlassen des Schulraums stark verändern.

Das Problem kann nicht mehr nur schulintern gelöst werden, da auch außerschulische Auswirkungen auftreten, beispielsweise die Reaktionen der Eltern. Auch die *Dauerhaftigkeit* der Einträge und die damit verbundenen Konsequenzen beeinflussen die Opfer. Jeder Nutzer hat die Möglichkeit, sie zu kopieren oder herunterzuladen. Dies führt bei den Opfern zu einer starken Verunsicherung und schränkt deren Kontrolle des Geschehens enorm ein. Damit verbunden ist die Öffentlichkeit der Fälle, d. h. die *größere Reichweite* im Vergleich zu traditionellem Mobbing. Die Bedeutung dieses Aspekts wurde oben ausführlich betrachtet. Die Opfer sehen kaum Möglichkeiten gegen das Mobbing vorzugehen bzw. ihre Person ins rechte Licht zu rücken. Sie ärgern sich darüber, dass sie nicht wissen, wer die Einträge gelesen hat.

Der Prozess kann erst beendet werden, wenn das Problem in irgendeiner Form gelöst wird, sei es durch eine Entschuldigung oder Bestrafung der Täter. Die Opfer, bei denen das der Fall war, konnten relativ schnell wieder zu ihrem Alltag zurückkehren. Simon, bei dem es zu keiner Aussprache kam, bei dem die Einträge jedoch aufhörten, kontrolliert immer noch, ob neue Einträge über ihn verfasst werden. Das heißt, entscheidend für die langfristigen Auswirkungen sind die *Dauer der Einträge*: Bei Simon und Anna haben sich die Einträge über einen längeren Zeitraum hingezogen als bei den Lehrern. In ihren Fällen sind die Auswirkungen von traditionellem Mobbing weitaus deutlicher zu beobachten als in den Fällen der beiden Lehrer. Einen weiteren Einfluss auf den Prozess der Auswirkungen hat auch der *Umgang mit dem Problem*. Bei Anna und Herrn Schneider wurde der Vorfall offiziell angesprochen. Kathrin entschuldigte sich vor der gesamten Klasse für ihr Verhalten, die Schüler, die Herrn Schneider bedroht hatten, mussten ihr Verhalten bei der Lehrerkonferenz rechtfertigen. Dagegen entschuldigte sich die Schülerin, die Frau Müller beleidigt hatte, nicht für ihr Verhalten. Frau Müller ist sich sicher, dass die Situation sich für sie wesentlich erleichtert hätte, wenn dies der Fall gewesen wäre. Um sich nach dem Cyber-Mobbing besser zu fühlen, ist ein offizieller Umgang mit dem Thema für die Opfer somit sehr wichtig, löst das Problem dennoch nicht unbedingt endgültig. So zeigte sich bei Anna zwar eine deutliche Verbesserung ihrer Befindlichkeit; trotzdem empfand sie aber noch die Angst, dass so etwas Ähnliches erneut passieren könne. Das macht deutlich, wie wichtig es für jugendliche Opfer ist, dass die Eltern Verständnis aufbringen und ihrem Kind helfen. Bei Lehrern scheint entscheidend zu sein, dass die Schüler dafür zur Rechenschaft gezogen werden und in gewissem Maße „bestraft" werden, wie beispielsweise durch das Vorlesen der von ihnen eingestellten Einträge bei der Lehrerkonferenz.

Insgesamt zeigen die Ergebnisse folgende Tendenzen. Cyber-Mobbingfälle können sehr unterschiedliche Formen annehmen; in den untersuchten Fällen handelte es sich um schriftliche Einträge. Cyber-Mobbing kann aber auch in Form von Bildern oder Videos stattfinden. Es treten die gleichen Auswirkungen auf, die von traditionellem Mobbing bekannt sind und die sich sowohl in psychischen als auch physischen Beschwerden äußern. Darüber hinaus beschreiben die Opfer Auswirkungen, die sich durch die spezifischen Merkmale des Cyber-Mobbings ergeben und die wiederum die bereits bekannten Auswirkungen beeinflussen: Alle vier befragten Opfer erwähnen die Folgen der Öffentlichkeit dabei als bedeutendste Einflussgröße für die Auswirkungen auf ihre Emotionen und ihr Verhalten. Sie empfinden daher diese Folgen aufgrund der „neuen" Rahmenbedingungen als massiver. Ob dies allgemein bei Cyber-Mobbing der Fall ist, darüber kann hier keine Aussage gemacht werden.

Des Weiteren weisen die Ergebnisse der Fallbeispiele darauf hin, dass virtuelle und reale Welt nicht zu trennen sind. Es handelt sich bei Cyber-Mobbing zwar um ein Medien-Phänomen, es hat aber hauptsächlich Auswirkungen auf die reale Welt der Opfer. Außerdem können Cyber-Mobbing und traditionelles Mobbing nicht unabhängig voneinander betrachtet werden. Bei Cyber-Mobbing kann es sich um eine Fortsetzung von traditionellem Mobbing handeln, so wie es bei Simon der Fall war. Dies gilt auch für Offline-Opfer, die im Internet zu Tätern werden, um sich zu rächen. Cyber-Mobbing kann aber auch die Ursache für traditionelles Mobbing sein: Jugendliche werden aufgrund der Viktimisierung im Internet auch in der Schule zu Opfern, wie es Anna passierte. Für Jugendliche hat Cyber-Mobbing eine andere Bedeutung als für Lehrer, was vermutlich unter anderem auf die unterschiedlichen Reaktionen des Umfelds zurückzuführen ist. Während sich bei Anna die Mitschüler stark von der Homepage negativ beeinflussen ließen, wurde Herr Schneider von seinen Kollegen unterstützt.

Schließlich muss bei der fallübergreifenden Analyse beachtet werden, dass nicht *die* allgemeinen Auswirkungen auf die Opfer identifiziert werden können. Sie sind selbstverständlich vom einzelnen Fall selbst, den Rahmenbedingungen, der eigenen Persönlichkeit etc. abhängig. Es konnte aber aufgezeigt werden, wie der Prozess, der durch einen Mobbingfall im Internet ausgelöst wird, aussehen kann.

Die Modelle reziproker Effekte von Daschmann (2007) und Kepplinger (2007) können insgesamt als geeignete Grundlage für das Phänomen Cyber-Mobbing betrachtet werden, sie sind zweckmäßig für die Untersuchung des Prozesses der Auswirkungen auf die Opfer. Die Unterscheidung zwischen direkten und indirekten Effekten sowie die psychologischen Bereiche des Modells von Daschmann helfen, das Thema strukturiert zu analysieren. Der von den Modellen vorhergesagte Prozess konnte zum größten Teil bestätigt werden. Zusätzlich zeigte die Untersuchung, dass die Auswirkungen auf die Opfer durch die Merkmale von Cyber-Mobbing beeinflusst werden.

6.3 Zusammenführung der Ergebnisse

Die Ergebnisse der Experten- und der Opferinterviews wurden nun vorgestellt. Im Anschluss daran ist von Interesse, inwiefern sich in den Ergebnissen Übereinstimmungen bzw. Unterschiede zeigen. Denn aufgrund ihrer Erfahrung mit Cyber-Mobbing können auch die Opfer als Experten ihrer eigenen Lebenswelt betrachtet werden (vgl. Lamnek 2005, 14).

Bei der Begriffsbestimmung kommen einige Experten zu dem Ergebnis, dass im Gegensatz zu traditionellem Mobbing schon ab zwei bis drei Vorfällen von Cyber-Mobbing gesprochen werden kann. Sie begründen das damit, dass aufgrund der Dauerhaftigkeit der Daten die Einträge, Videos etc. ständig abrufbar sind. Am Fall von Simon kann man deutlich erkennen, dass diese Aussage mit den Erfahrungen der Betroffenen übereinstimmt. Er berichtet, dass er die Einträge immer wieder nachliest und dies jedes Mal als erneut auftretendes Mobbing empfindet, auch wenn es sich dabei um einen bereits gelesenen Eintrag handelt.

Die von den Experten genannten Merkmale von Cyber-Mobbing (vgl. Kap. 6.1.2) erweisen sich als sehr wichtig für die weitere Untersuchung. Sie werden zum einen innerhalb der Experteninterviews selbst bestätigt, indem bei der Untersuchung der Täter, Opfer und Ursachen auf die einzelnen Merkmale Bezug genommen wird. Mit diesen Kategorien lässt sich das Phänomen Cyber-Mobbing somit äußerst übersichtlich darstellen. Zum anderen scheinen sie aber auch als Rahmenbedingungen für den Prozess der Auswirkungen auf die Opfer von Bedeutung zu sein.

Das Verhalten der Täter führen die Experten unter anderem auf eine mangelnde soziale Kompetenz zurück. Den Experten zufolge sind sich die Jugendlichen der Konsequenzen und Tragweite ihres Handelns nicht bewusst. Dies schätzen beide Lehrer auch so ein. Sie haben die Erfahrung gemacht, dass die Jugendlichen die Auswirkungen auf die Betroffenen unterschätzen. Frau Müller stellt in Gesprächen nach dem Vorfall fest, dass die Schülerin sich keine Gedanken darüber macht, was die Einträge für die Lehrerin bedeuteten. Herr Schneider kann aus seiner Erfahrung berichten, dass die Jugendlichen kein ausreichendes Bewusstsein für das richtige Verhalten im Internet haben. Im Anschluss an den Vorfall behandelt er diesen Punkt im Informatikunterricht und stellte fest, dass seine Schüler eine sehr naive Vorstellung über das

Internet besitzen. Beispielsweise klärt er seine Schüler über Datenschutz auf und stellt dabei die Frage, wie sich Plattformen wie SchülerVZ finanzieren:

> „Und wenn man dann fragt: ‚Ja, was meinst du denn, wo denn das Geld herkommt?' Dann sagen einige: ‚Ja, die Stadt [J]' oder ‚der Staat'. Also so was, so ganz verrückte Ideen, die da zu Tage kommen. Da machen sich die Schüler definitiv keine Gedanken."

Die mangelnde Kompetenz der Jugendlichen, die Tragweite des eigenen Handelns einzuschätzen, führen die Experten unter anderem auf ein geringeres Öffentlichkeitsbewusstsein im Internet zurück. Daraus entstehen die nicht intendierten Konsequenzen von Cyber-Mobbing, da die Täter die Auswirkungen unterschätzen, die die Öffentlichkeit auf die Opfer hat. Hier besteht eine große Diskrepanz zu der Wahrnehmung der Opfer. Hier wurde deutlich, dass gerade der Faktor Öffentlichkeit den entscheidenden Einfluss auf die Auswirkungen hat. Während dieser Aspekt den Experten zufolge von den Tätern unterschätzt wird, überschätzen die Opfer diesen Einfluss bzw. bewerten ihn sehr hoch. Opfer und Täter können so über die Theorie reziproker Effekte in Zusammenhang gebracht werden: Die Täter lösen durch ihr Verhalten reziproke Effekte aus. Diese Effekte wiederum stellen die oben beschriebenen Auswirkungen auf die Opfer dar.

Ein Vergleich der Ergebnisse der Opfer-Interviews mit den Einschätzungen der Experten erlaubt ferner auf den Reflexionsstand der Experten zurück zuschließen: Inwieweit stimmen die Annahmen mit den realen Erfahrungen der Opfer überein? Bei der Einschätzung der Experten fanden sich zwei Positionen: Gruppe 1 geht von ähnlichen Auswirkungen wie bei traditionellem Mobbing aus, Gruppe 2 fügt internetspezifische Auswirkungen hinzu. In allen untersuchten Fällen zeigte sich eindeutig, dass internetspezifische Auswirkungen von Bedeutung sind. Die Experten der Gruppe 1 unterschätzen daher eindeutig die Auswirkungen, die Cyber-Mobbing auf die Betroffenen hat.

Bei der weiteren Betrachtung der Ursachen für Cyber-Mobbing stellten sich unter den Experten zwei Gruppen mit unterschiedlichen Sichtweisen heraus: die Medienskeptiker und die Medienfokussierten. Beide Lehrer erwähnen im Interview Ursachen, die sich aus den Merkmalen von Cyber-Mobbing ergeben, entsprechend der Argumentation der Medienfokussierten. Herr Schneider hat sehr deutlich erfahren, dass die Jugendlichen sich in der realen und virtuellen Welt unterschiedlich verhalten. Für den Großteil der Schüler hatte es einen anderen Stellenwert, den gleichen Inhalt, den sie im SchülerVZ in Einträgen geäußert hatten, auf der Lehrerkonferenz vorzulesen. Auch Frau Müller bemerkte, dass Jugendliche in der realen und in der virtuellen Welt eine unterschiedliche Wahrnehmung haben und dadurch gleiche

Aussagen bei ihnen zu unterschiedlichen Reaktionen führen. Das heißt, der Ausdruck „du Hure" werde von Tätern und Zuschauern anders als in der realen Welt wahrgenommen. Diese Unterscheidung werde jedoch nicht von den Opfern vorgenommen. Sie ist außerdem der Ansicht, dass Jugendliche im Internet ein verringertes Öffentlichkeitsbewusstsein haben; sie hat den Eindruck, die Jugendlichen fühlen sich in dem Forum unbeobachtet.

Expertin D erwähnt das wechselseitige Verhalten der Jugendlichen als weitere mögliche Ursache für Cyber-Mobbing, d.h. die Jugendlichen stiften sich gegenseitig dazu an. Das kann Herr Schneider ebenso bestätigen. Er kann in der Gruppe im SchülerVZ nachlesen, zu welchem Zeitpunkt, welche Einträge verfasst wurden und merkt daher, wie die Jugendlichen sich „angespornt fühlten, sich da wohl gegenseitig zu überbieten" und „da konnte man schon ganz deutlich sehen, dass da immer wieder versucht wurde, da noch mal wieder einen drauf zu legen." So kam es, dass er sogar von Schülern beleidigt wurde, die er noch nie unterrichtet hat. Auch in diesem Punkt zeigt sich eine Diskrepanz zwischen Täter- und Opferseite. Denn den Medienfokussierten zufolge stellen die Merkmale von Cyber-Mobbing eine Erleichterung für die Täter dar, während sie die Situation für die Opfer erschweren: so führt die Unsichtbarkeit und die daraus resultierende Anonymität bei Tätern und Opfern zu unterschiedlichen Empfindungen. Die medienspezifischen Ursachen von Cyber-Mobbing sollen daher in jedem Fall berücksichtig werden – wie es im Ansatz der Medienfokussierten zu finden ist. Insgesamt lässt sich festhalten, dass die Aussagen der Experten größtenteils mit den Erfahrungen der Opfer übereinstimmen

7. Diskussion und Fazit

„Viele Beobachtungen sprechen dafür, dass die Online-Kommunikation zum wesentlichen Faktor eines kulturellen Wandels der „Privatheit" wird", stellen Weiß und Groebel (2002, 23) fest. Denn mit der steigenden Bedeutung interaktiver Web 2.0-Anwendungen scheinen private Angelegenheiten zunehmend öffentlich zu werden. Diese Entwicklung lässt sich auch für das Phänomen Cyber-Mobbing konstatieren: persönlicher Klatsch, Beleidigungen oder diffamierende Videos werden auf Homepages, in Foren oder Video-Plattformen öffentlich gemacht. Dabei müssen die Internetnutzer weder über technische Programmierkenntnisse noch über qualifizierte journalistische Fähigkeiten verfügen. Mit den Veränderungen, welche dabei beim Mobbing durch die Verwendung des Internets auftreten, befasste sich die vorliegende Arbeit.

Zum besseren Verständnis erfolgte zunächst ein Überblick über Klatsch und traditionelles Mobbing, welches sich durch die Merkmale „Aggressionen über einen längeren Zeitraum" sowie ein „Ungleichgewicht der Kräfte zwischen Opfer und Täter" auszeichnet. Des Weiteren wurde im Rahmen der Theorie reziproker Effekte aufgezeigt, welchen Prozess negative Berichterstattung bei den Betroffenen auslöst (vgl. Kapitel 2).

Der Schwerpunkt des dritten Kapitels lag bei der computervermittelten Kommunikation. Dabei wurden Modelle vorgestellt, die negative Entwicklungen aufgrund der Veränderungen der computervermittelten Kommunikation gegenüber interpersonaler Kommunikation vorhersagen. So geht das Kanalreduktionsmodell davon aus, dass die Kommunikation aufgrund der Entkörperlichung im Internet auf psychosozialer Ebene verarmt. Weitere Studien belegen, dass computervermittelte Kommunikation enthemmendes Verhalten fördert. Es wurde gezeigt, dass diese Form der Kommunikation im Alltag der Jugendlichen fest verankert ist. An einem durchschnittlichen Werktag verbringen Jugendliche etwa zwei Stunden im Internet, wobei es ihnen dabei hauptsächlich als Kommunikationsmedium dient. Ein Viertel der Jugendlichen verfasst mehrmals pro Woche eigene Inhalte, z. B. Foreneinträge (vgl. Kapitel 3.3). Diesem User Generated Content sind dabei kaum Grenzen gesetzt. Es gilt zwar im Internet das gleiche Recht wie in der realen Welt, außerdem ist das Telemediengesetz zu beachten, doch bisher mangelt es an deren Umsetzung (vgl. Kapitel 3.5).

Der aktuelle Stand der Forschung über Cyber-Mobbing wurde in Kapitel 4 vorgestellt. Dabei erfolgte zunächst ein Überblick über die verschiedenen Definitionen, die den Studien zugrunde liegen, ferner wurden die bisher ermittelten Merkmale von Cyber-Mobbing dargelegt. Daran schloss sich eine Übersicht über die Kanäle an, über die Cyber-Mobbing stattfinden kann. Insgesamt konnte festgehalten werden, dass Cyber-Mobbing ein unter Jugendlichen verbreitetes Phänomen zu sein scheint, obwohl Studien zu unterschiedlichen Ergebnisse gelangen. Eine Ursache für die Differenzen zwischen den Ergebnissen der Studien könnte in den unterschiedlichen zugrunde liegenden Definitionen liegen.

Aus diesem Grund erfolgte im empirischen Teil der Arbeit im Rahmen der Experteninterviews zunächst eine Diskussion der Definition von Cyber-Mobbing. Dabei beziehen sich die Experten einerseits auf die Definition von traditionellem Mobbing, andererseits fügen sie Besonderheiten hinzu, die sich durch die Verwendung des Internets ergeben. Sie sehen Cyber-Mobbing in der Nutzung von Handy- oder Internetanwendungen, wie z. B. Foren, Weblogs oder Instant Messenger, um andere Personen zu diffamieren oder ihren Beziehungen Schaden zuzufügen. Dies kann in schriftlicher Form, durch Anrufe auf das Handy, mit Fotos oder per Videos stattfinden. Dabei ist der Täter dem Opfer überlegen, denn das Opfer hat nur geringe Möglichkeiten sich zu verteidigen, wobei es sich hier um eine andere Art von Macht als bei traditionellem Mobbing handelt. Diese Macht ergibt sich aus den Merkmalen von Cyber-Mobbing. Ein Unterschied besteht auch hinsichtlich der Zeitspanne: Im Gegensatz zu der angloamerikanischen Forschung sollen hier bereits bei einzelnen öffentlichen Vorfällen von Cyber-Mobbing gesprochen werden, da diese dauerhaft gespeichert bleiben und immer wieder abrufbar sind. Zusätzlich weist Expertin D darauf hin, dass Formen, die im Alltag nicht zu Mobbing gezählt würden, durch die Verwendung des Internets zu Mobbing werden. Dies ergibt sich aus den neun Kategorien, mit welchen die Experten Cyber-Mobbing charakterisieren. Die Identifizierung dieser Merkmale erwies sich als hilfreiche Orientierung, da sie für die Betrachtung der Ursachen und der Auswirkungen auf die Opfer als Grundlage dienen konnten.

Die Intention, Cyber-Mobbing überhaupt auszuführen, führen die Experten auf zwei Aspekte zurück. Dies ist zum einen eine mangelnde *soziale Kompetenz* der jugendlichen Täter, mit der auch traditionelles Mobbing erklärt werden kann. Denn die Experten weisen darauf hin, dass es sich bei Cyber-Mobbing ebenso wie bei traditionellem Mobbing um anti-soziales Verhalten handelt. Aber auch der Tatsache, dass Cyber-Mobbing über ein Medium stattfindet, wird von fast allen Experten Rechnung getragen. Sie sind sich einig, dass den Jugendlichen die Tragweite ihres Verhaltens nicht bewusst ist und sie die Konsequenzen, die sich aus der Nutzung des Internets zum Mobben ergeben, nicht adäquat einschätzen können. Sie verfügen somit über keine ausreichende *Medienwirkungskompetenz*. Damit ist die Fähigkeit gemeint, die Wirkung der selbst produzierten Medieninhalte zu antizipieren, d. h. das Auslösen und die Konsequenzen von reziproken Effekten nachzuvollziehen. Das Vorhandensein einer *technischen Medienkompetenz* macht es den Jugendlichen möglich die Mobbingintention in die Tat umzusetzen. Dies bringt sowohl intendierte (wie beim traditionellen Mobbing) als auch nicht intendierte Konsequenzen für die Opfer mit sich. Hierbei sind die intendierten Konsequenzen ursächlich auf eine mangelnde Sozialkompetenz, die nicht intendierten auf eine mangelnde Medienwirkungskompetenz zurückzuführen.

Bei der weiteren Untersuchung der Ursachen für Cyber-Mobbing können die Argumente der Experten in zwei Positionen geteilt werden: Auf der einen Seite stehen, die *Medienskeptiker*, die bei Cyber-Mobbing analog zu traditionellem Mobbing gesellschaftliche Ursachen in den Fokus rücken. Auf der anderen Seite stehen die *Medienfokussierten*, die auch internetspezifische Veränderungen als Ursache anerkennen. Diese entsprechen größtenteils den oben beschriebenen Merkmalen von Cyber-Mobbing. Beide genannten Sichtweisen können nicht getrennt von einander betrachtet werden, wobei für diese Arbeit die Position der Medienfokussierten in den Vordergrund gestellt werden soll. Denn wie oben erwähnt wurde, müssen soziale und technische Aspekte gleichermaßen berücksichtigt werden. Ein soziales Phänomen, das in der virtuellen Welt stattfindet kann nicht alleine gesellschaftliche Probleme zurückgeführt werden, so wie es bei den Medienskeptikern erfolgt.

Auch wenn die Ergebnisse der Untersuchung nicht repräsentativ und daher nicht verallgemeinerbar sind, können sie doch Tendenzen aufzeigen. Die Experten betonen, dass es sich bei Cyber-Mobbing nicht um ein durch das Medium geschaffenes Phänomen handelt. Den Jugendlichen wurde ein Werkzeug in die Hand gelegt, ohne ihnen dessen Gebrauch zu erläutern. Sie haben erkannt, dass es „gut" für dieses Verhalten verwendet werden kann. „Unreife", private Kommunikation der Jugendlichen ist kennzeichnend für diese Phase ist und erfüllt in Form von Klatsch auch soziale Funktionen (vgl. Kap 2.2). Doch mit der Nutzung des Internets verändert sich die Erscheinungsform von Mobbing sowie dessen Rahmenbedingungen und daraus folgend auch die Qualität des Phänomens. Denn die Täter können anonym oder unter falschem Namen, zu jeder Tages- und Nachtzeit und egal wo sich das Opfer gerade befindet mobben. Die Reaktion des Opfers bleibt dem Täter dabei verborgen. Die verfassten Einträge sind dauerhaft verfügbar und theoretisch weltweit für jeden Internetnutzer sichtbar – eine Situation, die sich von der des traditionellen Mobbings grundlegend unterscheidet. Hierbei ist besonders die Tatsache relevant, dass die Vorfälle öffentlich stattfinden. Dies stellt sich auch bei der Untersuchung der Auswirkungen auf die Opfer als entscheidender Faktor heraus. Die Opfer haben keinen Einfluss darauf, wer über den Vorfall informiert ist. Sie vermuten starke Auswirkungen auf ihr Umfeld und fürchten sich vor möglichen Reaktionen der Bekannten oder Freunde. Ob es sich dabei nur um den Gedanken daran oder um tatsächliche Verhaltensänderungen handelt, scheint keine Rolle zu spielen. Bereits die Vorstellungen verursachen bei den Opfern sozialen Schmerz. Sie wissen, dass sie kaum Möglichkeiten haben, das aus ihrer Sicht falsche Bild über ihre Person in der Öffentlichkeit richtig zu stellen. Daher fühlen sie sich machtlos. Dies löst unangenehme Emotionen aus, wie z. B. Ärger oder Verunsicherung, die sich wiederum auf das Verhalten auswirken können. Als Rahmenbedingungen dieses Prozesses und damit als weitere Kategorie konnten sechs der neun von den Experten genannten Merkmale identifiziert werden: Medium, Darstellungsform (Schrift, Bild und Video), Dauerhaftigkeit, Unsichtbarkeit, größere Reichweite und die Unabhängigkeit von Zeit und Raum. Sie wirken auf die Bereiche Aufmerksamkeit, Wahrnehmung, Emotionen, Kognitionen und mentale Kontrolle ein, wobei diese Bereiche in einem zirkulären Zusammenhang stehen. Der Beginn des Kreislaufs kann von Fall zu Fall variieren. Die Dauer der Einträge und der Umgang mit dem Vorfall konnten als weitere Kategorien identifiziert werden. Wurde der Vorfall thematisiert und wurden die Täter für ihr Verhalten in Rechenschaft gezogen, erleichterte dies wesentlich die Situation des Opfers.

In allen untersuchten Fällen finden sich Auswirkungen, welche auf den neuen „Distributionsweg" Internet bzw. die Öffentlichkeit der Vorfälle zurückzuführen sind. Das Argument, die virtuelle Welt habe keinen Einfluss auf die reale Welt, denn die Opfer könnten den PC oder das Handy einfach ausschalten um dem Cyber-Mobbing zu entfliehen erweist sich als haltlos. Selbst wenn man im Anschluss an einen Vorfall diesem Ratschlag folgt, bleibt die ständige Unsicherheit bestehen, da man nicht weiß, was über die eigene Person geschrieben wird. Den bisherigen Ergebnissen zufolge kann angenommen werden, dass bereits solche Sorgen den Prozess reziproker Effekte auslösen können.

Es lässt sich festhalten, dass die Modelle reziproker Effekte von Daschmann und Kepplinger für die Untersuchung der Auswirkungen auf die Opfer ein geeignetes theoretisches Fundament darstellen. Die Bereiche aus dem Modell von Daschmann erweisen sich als zutreffende Kategorien. Der Prozess, der durch Cyber-Mobbing bei den Opfern ausgelöst wird, lässt sich systematisch anhand dieser Kategorien nachvollziehen. Das Modell kann bezogen auf Cyber-Mobbing durch die Betrachtung der fünf Bereiche als *Kreislauf* noch erweitert werden. Auch die von Kepplinger getroffene Einteilung der Auswirkungen in direkte und indirekte Effekte sowie die in einem weiteren Schritt von Lamp vorgenommene Unterscheidung der primären und sekundären Viktimisierung sind für die Untersuchung von Cyber-Mobbing hilfreich. Die von beiden Modellen angenommenen psychosozialen Auswirkungen, wie beispielsweise der Third-Person-Effekt, sind größtenteils auch für Cyber-Mobbing zutreffend. Die Ergebnisse zeigen weiterhin große Übereinstimmung mit den Beobachtungen von Gmür: Das Gedankenkreisen um den Vorfall, Angst vor weiterer Bloßstellung und vor Reaktionen aus dem Bekanntenkreis können durch die untersuchten Fällen bestätigt werden. Das von ihm dargelegte Medienopfersyndrom kann somit ebenso für die Opfer von Cyber-Mobbing herangezogen werden.

Reziproke Effekte bringen darüber hinaus Täter und Opfer in einen Zusammenhang. Die Täter verursachen durch ihr Verhalten reziproke Effekte, welche wiederum auf Opferseite die Auswirkungen darstellen. Die Ergebnisse zeigen dabei eine deutliche Diskrepanz zwischen der Wahrnehmung der Täter und der Opfer: Die Opfer verspüren die beschriebenen Auswirkungen gerade aufgrund der Tatsache, dass die Vorfälle öffentlich stattfinden. Darüber hinaus *überschätzen* sie teilweise die Wirkung der Vorfälle auf ihr Umfeld bzw. sogar auf fremde Personen. Die Täter dagegen *unterschätzen* den Experten zufolge die Wirkung der Öffentlichkeit für die Opfer oder sind sich dessen nur mangelhaft bewusst.

Diese Einschätzungen der Experten spiegeln sich in dem von mir erarbeiteten Modell über Intention und Verhalten der Täter wider (vgl. Kapitel 6.1.3), welches es nun zu prüfen gilt. Auch der Bereich der von mir benannten Medienwirkungskompetenz stellt einen Ansatzpunkt für zukünftige Forschung dar. Die Ergebnisse der Arbeit zeigen auf, dass dieser Bereich in das Konzept der Medienkompetenz eingebettet werden muss. Medienkompetenz-Projekte, die sich verstärkt auf die technischen Aspekte des Umgangs mit Computern und Internet konzentrieren, gehen das Problem nicht umfassend genug an. Der Bereich der Medienwirkungen muss integriert werden. Dies erfolgte beispielsweise in einem Projekt der BBC (2006b) mit mehr als 10.000 englischen Schülern. Dabei produzierten die Jugendlichen eigene Nachrichten, die im Fernsehen ausgestrahlt wurden. Hier wurden auf der einen Seite technische Fertigkeiten vermittelt, auf der anderen Seite wurde aufgezeigt, welche Aspekte bei der Veröffentlichung von Informationen berücksichtigt werden müssen, wie beispielsweise eine fundierte Recherche und Objektivität.

Des Weiteren ist die Durchführung von Langzeitstudien erforderlich, um das Phänomen umfassender zu erschließen. Dabei sei auf eine im März 2008 angekündigte fünfjährige Studie über Cyber-Mobbing in Westaustralien mit 4000 Schülern hingewiesen (vgl. Catanzaro 2008). Zukünftige Forschung, die die Auswirkungen auf die Opfer untersucht, sollte ferner ein breiteres Spektrum an möglichen Opfer-Fällen abdecken, um weitere Aussagen machen zu können: Beispielsweise Fälle, bei denen der Täter unbekannt ist, Fälle, die sich über einen längeren Zeitraum hin erstrecken, Opfer, die ebenso Täter sind, etc. Auch der Einfluss der Anonymität, die von den Experten als entscheidender Aspekt benannt wird, gilt es zu untersuchen. Da bei den von mir befragten Opfern der Täter bekannt war, war dies in der vorliegenden Arbeit nicht möglich. Darüber hinaus sollte bei der Untersuchung der Auswirkungen bedacht werden zwischen den Öffentlichkeitsgraden von Cyber-Mobbing zu unterscheiden. Da sich die Öffentlichkeit der Vorfälle als entscheidender Faktor herausstellte, kann vermutet werden, dass bei Cyber-Mobbing über einen privaten Kanal, z. B. Instant Messenger, geringere Effekte auftreten als bei öffentlichem Cyber-Mobbing. Diese Form des Cyber-Mobbing blieb in dieser Arbeit unberücksichtigt und sollte zukünftig ebenfalls untersucht werden.

Als weiteres Forschungsfeld erweist sich Cyber-Mobbing unter Erwachsenen. Dieser Bereich wurde in der Arbeit aus den in der Einleitung genannten Gründen ausgeblendet, man kann aber vermuten, dass sich auch hier ein breites Feld eröffnet. So las ein Richter bei Wikipedia einen Eintrag über seine Person, der sich auf einen privaten Streit mit seinem Nachbarn bezog (vgl. Runge 2007). In dem Forum „Internetvictims" berichtet ein Opfer, dass ihr Ex-Freund aus Rache E-Mails an ihren Chef versendete, in denen er behauptete, sie sei drogenabhängig und alkoholsüchtig (vgl. Internetvictims 2006c). So kann man annehmen, dass für Erwachsene neben den psychosozialen Auswirkungen vor allem berufliche Konsequenzen relevant sind. Dies berichtet eine Visagistin, über die ein Model in einem öffentlichen Forum unwahre Aussagen verbreitet hat: „Eine gut gesäte Intrige kann beruflich sehr vernichtend sein" (Internetvictims 2006b).

Um Probleme wie diese zu vermeiden, gilt es nun in einem nächsten Schritt Präventionskonzepte zu erarbeiten. Dabei liefert diese Untersuchung eine übersichtliche Einführung für Pädagogen, da sowohl die Täter im Rahmen der Experteninterviews als auch die Perspektive der Opfer behandelt wurden. Zusätzlich kann auch auf angloamerikanische Ansätze zurückgegriffen werden (vgl. z. B. Kowalski et al. 2008; Trolley et al. 2007; Willard 2007), wobei dies aufgrund unterschiedlicher Schulsysteme nur unter Einschränkung möglich ist.

Die Experten weisen weiter darauf hin, wie wichtig es ist, das Thema Cyber-Mobbing nicht auszublenden, sondern es öffentlich zu diskutieren. Dies sollte jedoch weder auf emotionale Art noch aus Sensationsgier erfolgen, sondern auf der Basis weiterer Forschungsergebnisse. Die Experten betonen, dass sich weder Eltern und Schule noch der Gesetzgeber ihrer Verantwortung entziehen dürfen.

Die Aufgaben der *Eltern* wurden bei der Untersuchung der Ursachen für Cyber-Mobbing bereits erläutert. Der Großteil der Experten weist daraufhin, dass sich die Eltern intensiver mit dem Leben ihrer Kinder in der virtuellen Welt beschäftigen müssen. Zusätzlich zu einem höheren Interesse fordern die Experten von den Eltern eine Stärkung ihrer Kompetenzen, um Probleme wie Cyber-Mobbing überhaupt nachvollziehen zu können.

Die *Schulen* haben, zusätzlich zum Elternhaus, die Aufgabe, die Schüler über die Neuen Medien aufzuklären, sowie die damit verbundenen Kompetenzen zu vermitteln. Die Experten sind der Ansicht, dass dies schon zu einem frühen Zeitpunkt erfolgen sollte, bevor Probleme wie Cyber-Mobbing überhaupt auftreten. Experte A verweist beispielsweise auf ein Video über einen realen Vorfall, das im Schulunterricht zur Aufklärung gezeigt werden könnte (vgl. Digizen 2008). Opfer, Eltern, Lehrer und Klassenkameraden erzählen darin von ihren Erfahrungen und es wird deutlich, wie stark die Auswirkungen auf die Betroffenen sein können. Schulen müssen sich insgesamt verstärkt mit dieser Problematik auseinandersetzen und sie nicht in den Freizeitbereich der Schüler verweisen. „Die Verantwortung der Schule endet nicht am Schultor, wie viele Lehrer meinen. SchülerVZ ist ein virtueller Schulhof", so der Schulpsychologe Zimmermann der Stadt Köln (Hoffmann 2007). Denn was sich im Internet zwischen den Jugendlichen abspielt, hat auch Konsequenzen in der Schule. Da die Ergebnisse aufzeigen, wie wichtig es für die Opfer ist, Cyber-Mobbingfälle zu thematisieren, ist ein aktives Einschreiten von Eltern und Schule unerlässlich.

Auch der *Gesetzgeber* muss sich mit dem Thema auseinandersetzen. Eine gesetzliche Definition von Cyber-Mobbing sowie Bestimmungen für eine rechtliche Handhabung des Problems ist notwendig. Ähnlich dem Anti-Stalking-Gesetz in § 238 StGB (Nachstellen) könnte der Gesetzgeber sich des Cyber-Mobbings annehmen und einen entsprechenden Straftatbestand schaffen. Insgesamt gilt es die Rechte der Opfer im Internet zu stärken. Eine Möglichkeit wäre, den Plattformbetreiber selbst schadensersatzpflichtig gegenüber den Opfern zu machen, wenn sie Bild- oder Schriftmaterial einstellen, das Straftatbestände verletzt und trotz entsprechender Aufforderung dieses Material nicht sofort entfernen. Des Weiteren ist eine Stärkung des Jugendmedienschutzes unerlässlich. Der Deutsche Philologenverband und der Ausschuss für bürgerliche Freiheiten, Justiz und Inneres des Europaparlaments kritisieren bzw. fordern:

> „Nach wie vor ist es so, dass Dienstanbieter wie Youtube.com und andere für die Einstellung fremder Inhalte wie Hinrichtungsvideos von Lehrern auf ihren Plattformen nicht verantwortlich gemacht werden können (§ 9 TMG). Damit liegt der Schwarze Peter bei den Opfern, die selbst gegen die ihnen unbekannten Täter juristisch vorgehen müssen. Das ist nicht hinnehmbar" (Deutscher Philologenverband 2007).

„Im Bereich der über das Netz verbreiteten Gewalt ist außerdem ein seri-
öses Selbstregulierungssystem von Websites erstrebenswert, die Kinder-
mobbing-Bilder oder -videos verbreiten. Die Netzbetreiber sollten über
die Inhalte wachen, die auf ihren Websites kursieren, und das so genannte
„Cybermobbing", das Gewalt unter Kindern sowie die Demütigung von
Schülern und Lehrer fördert, unterbinden" (Angelilli 2007, 18).

Die EU geht Probleme im Internet bereits in mehreren Projekten an, (z. B.
Klicksafe: „Mehr Sicherheit im Internet durch Medienkompetenz"), welches
sowohl bei Schülern als auch Lehrern durch Werbekampagnen und Schüler-
projekte ansetzt.

In Deutschland reagierte das Schulministerium von Nordrhein-Westfalen
als erstes Bundesland mit der Veröffentlichung eines Leitfadens, der rechtliche
Handlungsempfehlungen für betroffene Lehrer erläutert. Darüber hinaus rich-
tete das Land eine Beratungshotline sowie eine Beschwerdestelle für diese ein
(vgl. Ministerium für Schule und Weiterbildung des Landes Nordrhein-
Westfalen 2007). Auch von den Verantwortlichen im Internet selbst wird das
Problem Cyber-Mobbing wahrgenommen: „Zwischen 60 und 100 Meldungen
pro Tag drehen sich um Mobbing", berichtet der Jugendschutzbeauftragte bei
SchülerVZ Gröschel (Hoffmann 2007).

Eine Aufklärung der Jugendlichen ist nun vonnöten. Ihnen muss erstens
vermittelt werden, welche rechtlichen Konsequenzen ihr Verhalten im Internet für sie selbst haben kann und zweitens, welche psychosozialen Auswirkungen für die Opfer aufgrund der von ihnen verursachten Medienwirkungen
auftreten können.

8. Literaturverzeichnis

Aftab, P. (2008a): Cyberbullying by proxy. Verfügbar unter: http://www.stopcyberbullying.org/how_it_works/cyberbullying_by_prox y.html [Zugriff am 07.01.2008].

Aftab, P. (2008b): What is cyberbullying, exactly? Verfügbar unter: http://www.stopcyberbullying.org/what_is_cyberbullying_exactly.html [Zugriff am 07.01.2008].

Aftab, P. (2008c): What methods work with the different kinds of cyberbullies? Verfügbar unter: http://www.stopcyberbullying.org/parents/howdoyouhandleacyberbully. html [Zugriff am 07.01.2007].

Agatston, P. W., Kowalski, R. & Limber, S. (2007): Students' Perspectives on Cyber Bullying. In: Journal of Adolescent Health 41. S. 59-60.

Angelilli, R. (2007): Entwurf eines Berichts im Hinblick auf eine EU-Kinderrechtsstrategie. Verfügbar unter: http://www.europarl.europa.eu /...//EP//NONSGML+COMPARL+PE90.381+02+DOC+WORD+V 0//DE&language=DE [Zugriff am 13.01.2008].

Baacke, D. (1997): Medienpädagogik. Tübingen.

Barefoot, J. C. & Strickland, L. H. (1982): Conflict and Dominance in Television-Mediated Interactions. In: Human Relations 35. S. 559-566.

Barlow, J. P. (1996): A Declaration of the Independence of Cyberspace, 08.02.1996. Verfügbar unter: http://homes.eff.org/~barlow/Declaration-Final.html [Zugriff am 18.02.2008].

BBC Online (2006a): Star Wars Kid is top viral video, 27.11.2006. Verfügbar unter: http://news.bbc. co.uk/2/hi/entertainment/6187554.stm [Zugriff am 17.12.2007].

BBC (2006b): Students make mobile phone news, 07.12.2006. Verfügbar unter: http://news.bbc.co.uk/2/hi/technology/6215532.stm [Zugriff am 14.01.2008].

Belsey, B. (2008): Cyberbullying. Verfügbar unter: www.cyberbullying.com [Zugriff am 18.12.2007].

Bergmann, J. R. (1987): Klatsch. Zur Sozialform der diskreten Indiskretion. Berlin, New York.

Bjorkvist, K., Lagerspetz K. M. J. & Kaukiainen, A. (1992): Do girls manipulate and boys fight? Developmental trends in regard to direct and indirect aggression. In: Aggressive Behavior 18. S. 117-127.

Bogner, A. & Menz, W. (2005): Das theoriegenerierende Experteninterview. Erkenntnisinteresse, Wissensformen, Interaktion. In: Bogner, A., Littig, B. & Menz, W. (Hrsg.): Das Experteninterview. Theorie, Methode, Anwendung. 2. Auflage, Wiesbaden. S. 33-70.

Brosius, H.-B. & Engel, D. (1997): „Die Medien beeinflussen vielleicht die anderen, aber mich doch nicht": Zu den Ursachen des Third-Person-Effektes. In: Publizistik 42, S. 325-345.

Bundesministerium der Justiz (2008): Gesetze im Internet. Verfügbar unter: http://www.bmj.bund.de/enid/419e8a414144fe754d354ae18c43be0b,0/Service/Bundesrecht_im_Internet_b9.html [Zugriff am 12.01.2008].

Bundesverband deutscher Unternehmensberater BDU e.V. (2006): Karriere: Informationen über Bewerber aus dem Internet beeinflussen zunehmend die Jobsuche, 20.11.2006. Verfügbar unter: http://www.bdu.de/presse_321.html [Zugriff am 12.01.2008].

Burgess-Proctor, A., Patchin, J. & Hinduja, S. (im Druck): Cyberbullying and online harassment: Reconceptualizing the victimization of adolescent girls. In: Garcia, V. & Clifford, J. (Hrsg.): Female Crime Victims: Reality Reconsidered. Upper Saddle River.

Burkart, R. (1998): Kommunikationswissenschaft. Grundlagen und Problemfelder. Umrisse einer interdisziplinären Sozialwissenschaft. 3. Auflage, Wien u. a.

Catanzaro, J. (2008): State to crack down on cyber-bullying, 09.03.2008. Verfügbar unter: http://www.thewest.com.au/default.aspx?MenuID=77&ContentID=62030 [Zugriff am 20.03.2008].

Culnan, M.J. & Markus, M.L. (1987): Information Technologies. In: Jablin, F.M., Putnam, L.L., Roberts, K.H. & Porter, L.W. (Hrsg): Handbook of Organizational Communication. An Interdisciplinary Perspective. Newbury Park. S. 420-443.

Dambach, K. E. (1998): Mobbing in der Schulklasse. München, Basel.

Daschmann, G. (2007): Der Preis der Prominenz. Medienpsychologische Überlegungen zu den Wirkungen von Medienberichterstattung auf die dargestellten Akteure. In: Schierl, T. (Hrsg.): Zur Genese und Verwertung von Prominenten in Sport, Wirtschaft und Kultur. Köln. S. 184-211.

Davison, W. P. (1996): The Third Person Effect Revisited. In: International Journal of Public Opinion Research 8. S. 113-119.

Delhees, K. H. (1994): Soziale Kommunikation. Psychologische Grundlagen für das Miteinander in der modernen Gesellschaft. Opladen.

Deutscher Philologenverband (2007): Opfer von Internet-Mobbing rechtlich besser schützen. Philologenverband fordert Änderung des Telemediengesetzes, 18.07.2007. Verfügbar unter: http://www.dphv.de/index.php?id=20&tx_ttnews[bacPid]=50&tx_ttnews[tt_news]=91&cHash=a33634d8d6 [Zugriff am 12.12.2007].

Digizen (2008): ‚Let's Fight it Together.' Cyberbullying film. Verfügbar unter: http://www.digizen.org/cyberbullying/film.aspx [Zugriff am 07.01.2008].

Dönderici, S. (2007): Verhalten im Chat. Verfügbar unter: www.rtlop.de/netiquette.html [Zugriff am 10.12.2007].

Döring, N. (2003): Sozialpsychologie des Internet. Die Bedeutung des Internet für Kommunikationsprozesse, Identitäten, soziale Beziehungen und Gruppen. 2. Auflage, Göttingen u. a.

Eberspächer, M. (2007): Cyber-Mobbing gegen Lehrer. Pornomontagen und Hinrichtungsvideos, 12.06.2007. Verfügbar unter: http://www.spiegel.de/schulspiegel/leben/0,1518,488062,00.html [Zugriff am 17.11.2007].

Eisenberger, N. I., Liebermann, M. D. & Williams, K. D. (2003): Does Rejection Hurt? An fMRI Study of Social Exclusion. In: Science 302. S. 290-292.

Festinger, L. (1954): A Theory of Social Comparison Processes. In: Human Relations 7. S. 117-140.

Fine, G. A. (1977): Social Components of Children's Gossip. In: Journal of Communication 27(1). S. 181-185.

Fiske, S. T., Morling, B. & Stevens, L. E. (1996): Controlling Self and Others. A Theory of Anxiety, Mental Control, and Social Control. In: Personality and Social Psychology Bulletin 2. S. 115-123.

Fix, T. (2001): Generation@ im Chat. Hintergrund und explorative Motivstudie zur jugendlichen Netzkommunikation. München.

Flick, U. (2007): Qualitative Sozialforschung: eine Einführung. Vollst. erweiterte und überarbeitete Neuausgabe, Reinbek bei Hamburg.

Focus (1998): World Wide Mobbing. In: Der Focus 50, 7.12.1998. S. 13.

Friedrichs, J. (1990): Methoden empirischer Sozialforschung. 14. Auflage, Opladen.

GEW (Gewerkschaft für Erziehung und Wissenschaft) (2008): Die Ergebnisse in Kürze. Verfügbar unter: http://www.gew.de/Die_Ergebnisse_ in_Kuerze.html#Section24371 [Zugriff am 20.10.2008]

Gibson, W. (1984): Neuromancer. New York.

Gläser, J. & Laudel, G. (2006): Experteninterviews und qualitative Inhaltsanalyse. 2. Auflage, Wiesbaden.

Glaser, B. & Strauss, A. (1998): Grounded Theory. Strategien qualitativer Forschung. Bern u. a.

Gluckman, M. (1963): Gossip and scandal. In: Current Anthropology 4. S. 307-316.

Gmür, M. (2002): Der öffentliche Mensch. Medienstars und Medienopfer. München.

Gollnick, R. (2006): Schulische Mobbing-Fälle. Analysen und Strategien. 2. Auflage, Münster.

Grimm, P. & Rhein, S. (2007): Slapping, Bullying, Snuffing! Zur Problematik von gewalthaltigen und pornografischen Videoclips auf Mobiltelefonen von Jugendlichen (= Schriftenreihe der Medienanstalt Hamburg/ Schleswig-Holstein, Bd. 1). Berlin.

Grimm, P.; Rhein, S. & Clausen-Muradian, E. (2008): Gewalt im Web 2.0. Der Umgang Jugendlicher mit gewalthaltigen Inhalten und Cyber-Mobbing sowie die rechtliche Einordnung der Problematik. Berlin

Gupta, P. L. (2007): Mobbing. Schnell und schmutzig, 03.09.2007. Verfügbar unter: http://www.focus.de/wissen/bildung/mobbing-schnell-und-schmutzig_aid_221 636.html [Zugriff am 16.12.2007].

Heinze, T. (2001): Qualitative Sozialforschung. Einführung, Methodologie und Forschungspraxis. München, Wien.

Hinduja, S. & Patchin, J. W. (2005): Research Summary: Cyberbullying victimization. Verfügbar unter: http://www.cyberbullying.us/cyberbullying_victimization.pdf [Zugriff am 22.10.2007].

Hinduja, S. & Patchin, J. W. (2007): Offline Consequences of Online Victimization. In: Journal of School Violence 6. S. 89-112.

Hinduja, S. & Patchin, J. W. (2008): Cyberbullying: an exploratory analysis of factors related to offending and victimization. In: Deviant Behavior 29. S. 129-156.

Hoffmann, C. (2007): „Du hast keine Freunde mehr", 30.11.2007. Verfügbar unter: http://www.ksta.de/html/artikel/1195816863549.shtml   [Zugriff am 07.01.2008].

Hohm, H.-J. (2006): Soziale Systeme, Kommunikation, Mensch. Eine Einführung in die soziologische Systemtheorie. 2., überarbeitete Auflage, Weinheim, München.

Internet World Business (2008): SchülerVZ: 2,9 Millionen Mitglieder zum ersten Geburtstag, 21.02.2008. Verfügbar unter: http://www.internet world.de/home/newssingle/article/schuelervz-29-millionen-mitglieder-zum-ersten-geburtstag//7.html [Zugriff am 14.03.2008].

Internetvictims (2006a): Beleidigungen und Verleumdung im Chat und bei anderen, 19.06.2006. Verfügbar unter: http://www.internetvictims.com /forum/viewtopic.php?t=143&sid=029bf8b35a4ade6d0b726caf1e0d4fc7 [Zugriff am 14.12.2007].

Internetvictims (2006b): Rufschädigung und Beleidigung in einem Forum, 25.09.2006. Verfügbar unter: http://www.internetvictims.com /forum/viewtopic. php?t=306 [Zugriff am 16.01.2008].

Internetvictims (2006c): Verleumdung vom Ex, 18.11.2006. Verfügbar unter: http://www.internetvictims.com/forum/viewtopic.php?t=342 [Zugriff am 16.01.2008].

Jäger, R. S., Fischer, U. & Riebel, J. (2007): Mobbing bei Schülerinnen und Schülern in der Bundesrepublik Deutschland. Eine empirische Untersuchung auf der Grundlage einer Online-Befragung. Verfügbar im Downloadbereich: http://www.zepf.uni-landau.de/ [Zugriff am 03.11.2007].

Joinson, A. N. (2007): Disinhibition and the Internet. In: Gackenbach, J. (Hrsg.): Psychology and the Internet. Intrapersonal, Interpersonal and Transpersonal Implications. 2. Auflage, Amsterdam u. a. S. 75-92.

Kasper, H. (1998): Mobbing in der Schule. Probleme annehmen, Konflikte lösen. 2. Auflage, Lichtenau.

Katzer, C. (2007): Gefahr aus dem Netz. Der Internet-Chatroom als neuer Tatort für Bullying und sexuelle Viktimisierung von Kindern und Jugendlichen. Dissertation, Universität Köln.

Katzer, C. & Fetchenhauer, D. (2007): Cyberbullying: Aggressionen und sexuelle Viktimisierung in Chatrooms. In: Gollwitzer, M. et al. (Hrsg.): Gewaltprävention bei Kindern und Jugendlichen. Aktuelle Erkenntnisse aus Forschung und Praxis. Göttingen u. a. S. 123-138.

Keith, S. & Martin, M. E. (2005): Cyber-Bullying: Creating a Culture of Respect in a Cyber World. In: Reclaiming Children and Youth 13(4). S. 224-228.

Kepplinger, H. M. (2007): Reciprocal Effects. Towards a Theory of Mass Media Effects on Decision Makers. In: The Harvard International Journal of Press/Politics 12(2). S. 3-23.

Kepplinger, H. M. & Glaab, S. (2005): Folgen ungewollter Öffentlichkeit. Abwertende Beiträge aus Sicht der Betroffenen. In: Beater, A. & Habermeier, S. (Hrsg.): Verletzungen von Persönlichkeitsrechten durch die Medien. Tübingen. S. 117-137.

Kepplinger, H. M. & Glaab, S. (2007): Reciprocal Effects of Negative Press Reports. In: European Journal of Communication 22. S. 337-354.

Kepplinger, H. M. & Zerback, T. (2009): Der Einfluss der Medien auf Strafverfahren. In: Publizistik 54 (2). S. 216-239.

Kiesler, S., Siegel, J. & McGuire, T. W. (1984): Social psychological aspects of computer-mediated communication. In: American Psychologist 39. S. 1123-1134.

Kindler, W. (2002): Gegen Mobbing und Gewalt! Ein Arbeitsbuch für Lehrer, Schüler und Peergruppen. Seelze-Velber.

Klamm (2006): Weitergabe von Mails/ICQ-Logs, 21.07.2006. Verfügbar unter: www.klamm.de/forum/archive/index.php/t26472.html+beschimpfungen+-lehrer+icq&hl=de&ct=clnk&cd=6&gl=de&client=firefox-a [Zugriff am 02.11.2007].

Klein, S. (2007): Die virtuelle Öffentlichkeit des Internet in ihrer Bedeutung für die menschliche Doppelnatur. Unv. Magisterarbeit, Universität Mainz.

Klicksafe (2008): "klicksafe.de" – der deutsche Knotenpunkt im europäischen Netzwerk. Verfügbar unter: http://www.klicksafe.de/common/ueber.php [Zugriff am 11.02.2008].

Köbke, U. (2001): Einfluss der Medien auf Entscheider in der Wirtschaft. Unv. Magisterarbeit, Universität Mainz.

Kowal, S. & O'Connell, D. C. (2007): Zur Transkription von Gesprächen. In: Flick, U., Kardorff, E. v. & Steinke, I.: Qualitative Forschung. Ein Handbuch. 5. Auflage, Reinbek bei Hamburg. S. 437-447.

Kowalski, R. M. & Limber, S. P. (2007): Electronic Bullying Among Middle School Students. In: Journal of Adolescent Health 41. S. 22-30.

Kowalski, R. M. & Witte, J. (unveröffentlicht). Zitiert nach: Kowalski, R. M., Limber, S. P. & Agatston, P. W. (2008): Cyber Bullying. Bullying in the Digital Age. Malden, Oxford, Carlton. S. 59.

Kowalski, R. M., Limber, S. P. & Agatston, P. W. (2008): Cyber Bullying. Bullying in the Digital Age. Malden u. a.

Krotz, F. (2001): Die Mediatisierung kommunikativen Handelns. Der Wandel von Alltag und sozialen Beziehungen, Kultur und Gesellschaft durch die Medien. Wiesbaden.

Lamnek, S. (2005): Qualitative Sozialforschung. Lehrbuch. Weinheim, Basel.

Lamp, E. (2008): Das verleugnete Ich. Über die Schattenseiten der menschlichen Natur oder Was der öffentlichen Meinung ihre Dynamik verleiht. Mainz (unveröffentlichtes Manuskript).

Lang, K. & Engel Lang, G. (1953): The Unique Perspective of Television and Its Effect: A Pilot Study. In: American Sociological Review 18. S. 3-12.

Legewie, H. & Paetzold-Teske, E. (2006): Transkriptionsempfehlungen und Formatierungsangaben. Verfügbar unter: http://web.qualitativeforschung. de/publikationen/postpartale-depressionen/Transkription.pdf [Zugriff am 02.11.2007].

Lenhart, A. (2005): PEW/Internet. Protecting Teens Online. Verfügbar unter: http://www.pewinternet.org/pdfs/PIP_Filters_Report.pdf [Zugriff am 12.10.2007].

Lenhart, A. (2007): PEW/Internet. Cyberbullying and Online Teens. Verfügbar unter: http://www.pewinternet.org/pdfs/PIP%20Cyberbullying% 20Memo.pdf [Zugriff am 12.10.2007].

Lenhart, A., Rainie, L. & Lewis, O. (2001): Teenage Life Online. The Rise of the Instant-Message Generation and the Internet's Impact in Friendship and Family Relationships. Verfügbar unter: http://www.pewinternet.org /pdfs/PIP_Teens_Report.pdf [Zugriff am 12.10.2007].

Leymann, H. (2002): Mobbing: Psychoterror am Arbeitsplatz und wie man sich dagegen wehren kann. Reinbek bei Hamburg.

Li, Q. (2005): New bottle but old wine: A research of cyberbullying in schools. In: Computers in Human Behavior 23. S. 1777-1791.

Li, Q. (2006): Cyberbullying in Schools. A Research of Gender Differences. In: School Psychology International 27. S. 157-170.

Lorenz, A. (2007): Anmerkungen der Schulpsychologie zur Pressekonferenz am 18.07.2007. Verfügbar unter: http://www.gew.de/Binaries/Binary 29272/Anmerkungen+der+Schulpsychologie.pdf [Zugriff am 19.10.2007].

Luhmann, N. (1975): Veränderungen im System gesellschaftlicher Kommunikation und die Massenmedien. In: Schatz, O. (Hrsg.): Die elektronische Revolution. Wie gefährlich sind die Massenmedien? Graz, Köln. S. 13-30.

Mayring, P. (2002): Einführung in die Qualitative Sozialforschung. 5. Auflage, Weinheim, Basel.

Mayring, P. (2007): Qualitative Inhaltsanalyse. 9. Auflage, Weinheim.

Mayring, P. & Hurst, A. (2005): Qualitative Inhaltsanalyse. In: Mikos, L. & Wegener, C. (Hrsg): Qualitative Medienforschung. Ein Handbuch. Konstanz. S. 436-444.

Medienpädagogischer Forschungsverbund Südwest (2007): JIM-STUDIE 2007. Jugend, Information, (Multi-) Media. Basisuntersuchung zum Medienumgang 12- bis 19-Jähriger in Deutschland. Verfügbar unter: http://www.mpfs.de/fileadmin/JIM-pdf07/JIM-Studie2007.pdf [Zugriff am 14.12.2007].

Medienpädagogischer Forschungsverbund Südwest (2008): JIM-STUDIE 2008. Jugend, Information, (Multi-) Media. Basisuntersuchung zum Medienumgang 12- bis 19-Jähriger in Deutschland. Verfügbar unter: http://www.mpfs.de/fileadmin/JIM-pdf08/JIM-Studie_2008.pdf [1.12.2008].

Mettler-Meibom, B. (1994). Kommunikation in der Mediengesellschaft. Tendenzen – Gefährdungen – Orientierungen. Berlin.

Meuser, M. & Nagel, U. (1991): ExpertInneninterviews – vielfach erprobt, wenig bedacht. Ein Beitrag zur qualitativen Methodendiskussion. In: Garz, D. & Kraimer, K. (Hrsg.): Qualitativ-empirische Sozialforschung. Konzepte, Methoden, Analysen. Opladen. S. 441-471.

Meuser, M. & Nagel, U. (2005): Vom Nutzen der Expertise. ExpertInneninterviews in der Sozialberichterstattung. In: Bogner, A., Littig, B. & Menz, W. (Hrsg.): Das Experteninterview. Theorie, Methode, Anwendung. 2. Auflage, Wiesbaden. S. 257-272.

Mikos, L. (2004): Medien als Sozialisationsinstanz und die Rolle der Medienkompetenz. In: Hoffmann, D. & Merkens, H. (Hrsg.): Jugendsoziologische Sozialisationstheorie: Impulse für die Jugendforschung. Weinheim. S. 157-172.

Milgram, S. (1965): Some conditions of obedience and disobedience to authority. In: Human Relations 18. S. 57-76.

Milgram, S. (1974): Das Milgram-Experiment. Zur Gehorsamsbereitschaft gegen-über Autoritäten. Reinbek bei Hamburg.

Ministerium für Schule und Weiterbildung des Landes Nordrhein-Westfalen (2007): Mobbing von Lehrkräften im Internet. Handlungsempfehlungen. Verfügbar unter: http://www.dphv.de/fileadmin/user_upload/presse /material/Cyberbullying/Handlungsempfehlungen_Mobbing.pdf [Zugriff am 18.10.2007].

Misoch, S. (2006): Online-Kommunikation. Konstanz.

Moessner, C. (2007): Cyberbullying. In: Trends & Tudes 6(4). S. 1-4.

National Children's Home (2005): Putting you in the Picture. Verfügbar unter: http://www.nch.org.uk/uploads/documents/Mobile_bullying_%20 report.pdf [Zugriff am 29.10.2007].

Noelle-Neumann, E. (2001): Die Schweigespirale: öffentliche Meinung – unsere soziale Haut. 6., erweiterte Auflage, München.

OLG Köln (2007): Zulässigkeit von Lehrerbenotung im Internetforum. Verfügbar unter: http://www.olg-koeln.nrw.de/home/presse/archiv/2007/ SpickmichU.pdf [Zugriff am 18.12.07].

Olweus, D. (1996): Gewalt in der Schule. Was Lehrer und Eltern wissen sollten – und tun können. 2. Auflage, Bern u. a.

Opinion Research Corporation (2006): Cyber Bully Teen. Prepared for Fight-Crime. Invest in Kids. Verfügbar unter: http://www.fightcrime.org /cyberbullying/cyberbullyingteen.pdf [Zugriff am 10.10.2007].

Parsons, T. (1964): The Social System. 3. Auflage, New York, London.

Patalong, F. (2007): Cyber-Mobbing. Tod eines Teenagers, 18.11.2007. Verfügbar unter: http://www.spiegel.de/netzwelt/web/ 0,1518,518042,00.html [Zugriff am 12.12.2007].

Patchin, J. W. & Hinduja S. (2006): Bullies move beyond the schoolyard: a preliminary look at cyberbullying. In: Youth Violence Juvenile Justice 4(2). S. 148-169.

Pellegrini, A. D. & Long, J. D. (2002): A longitudinal study of bullying, dominance, and victimization during the transition from primary school through secondary school. In: British Journal of Developmental Psychology 20(2). S. 259-280.

Petry, M. (2007): Schüler fallen im Internet über ihre Lehrer her, 20.11.2007. Verfügbar unter: http://www.donaukurier.de/lokales/schrobenhausen/ art603,1783619 [Zugriff am 10.12.2007].

Reid-Steere, E. (2003): Das Selbst und das Internet: Wandlungen der Illusion vom einen Selbst. In: Thiedeke, U. (Hrsg.): Virtuelle Gruppen. Charakteristika und Problemdimensionen. 2. Auflage, Wiesbaden. S. 265-283.

Rice, R. E. (1984): Mediated group communication. In: Rice, R. E. et al. (Hrsg.): The new media: communication, research, and technology. Beverly Hills. S. 129-156.

Ropertz, F. (2006): Cyberbullying: Eine neue Form der Gewalt. In: Deutsche Polizei 10. S. 12-14.

Runge, H. (2007): „Arschloch": Online-Rufschützer schlagen zurück, 13.07.2007. Verfügbar unter: http://www.netzeitung.de/internet/692331.html [Zugriff am 10.01.2008].

Schäfer, M.; Korn, S.; Brodbeck, F. C.; Wolke, D. & Schulz, H. (2005): Bullying roles in changing contexts: The stability of victim and bully roles from primary and secondary school. In: International Journal of Behavioral Development 29(4). S. 323-335.

Scherer, H. & Wirth, W. (2002): Ich chatte – wer bin ich? Identität und Selbstdarstellung in virtuellen Kommunikationssituationen. In: Medien & Kommunikationswissenschaften 3. S. 337-378.

Schmidt, C. (2003): „Am Material." Auswertungstechniken für Leitfadeninterviews. In: Friebertshäuser, B. & Prengel, A. (Hrsg.): Handbuch qualitative Forschungsmethoden in der Erziehungswissenschaft. Weinheim. S. 544-568.

Schmidt, C. (2007): Analyse von Leitfadeninterviews. In: Flick, U., Kardorff, E. v. & Steinke, I. (Hrsg.): Qualitative Forschung. Ein Handbuch. 5. Auflage, Reinbek bei Hamburg. S. 447-456.

Seitenstark (2008): Fragen zum Nachdenken. E-Mobbing. Verfügbar unter: http://mobbing.seitenstark.de/index_k.asp?ext2=nachdenken&themaid =1&titelid=4&answerid=11&yy=0&mm=0 [Zugriff am 10.02.2008].

Shariff, S. & Gouin, R. [2005]: Cyber-dilemmas: Gendered Hierarchies of Power in a Virtual School Environment. Verfügbar unter: http://www.caslon.com.au/cyberbullyingnote1.htm#studies [Zugriff am 05.11.2007].

Shariff, S. & Johnny, L. (2007): Cyber-Libel and Cyber-Bullying: Can Schools Protect Student Reputations and Free-Expression in Virtual Environments? In: Education Law Journal 16(3). S. 307-342.

Simmel, G. (1983): Soziologie. Untersuchungen über die Formen der Vergesellschaftung. 6. Auflage, Berlin.

Slonje, R. & Smith, P. K. (2008): Cyberbullying: Another main type of bullying? In: Scandinavian Journal of Psychology 49. S. 147-154.

Smith, P. K., Mahdavi, J., Carvalho, M., Fisher, S., Russell, S. & Tippett, N. (2008): Cyberbullying: its nature and impact in secondary school pupils. In: Journal of Child Psychology and Psychiatry 49(4). S. 376-385.

Smith, P. K., Mahdavi, J., Carvalho, M. & Tippett, N. (2006): An investigation into cyberbullying, its forms, awareness and impact, and the relationship between age and gender in cyberbullying. Verfügbar unter: http://www.antibullyingalliace.org.uk/downloads/pdf/cyberbullyingrepor tfinal230106_000.pdf [Zugriff am 10.11.2007].

Smolensky, M. W., Carmody, M. A. & Halcomb, C. G. (1990): The influence of task type, group structure, and extroversion on unhibited speech in computer-mediated communication. In: Computer in Human Behaviors 6. S. 261-272.

Spiegel (2007a): Hänseln im Cyberspace. In: Der Spiegel 31, 30.07.2007. S. 107.

Spiegel (2007b): Steckbrief im Netz. In: Der Spiegel 28, 9.07.2007. S. 57.

Spöhring, W. (1995): Qualitative Sozialforschung (= Studienskripte zur Soziologie, Bd. 133). 2. Auflage, Stuttgart.

Suls, J. M. (1977): Gossip as Social Comparison. In: Journal of Communication 27(1). S. 164-168.

Sydney Morning Herald Online (2007): South Korea enforces new law to curb cyber bullying, 28.06.2007. Verfügbar unter: http://www.smh.com. au/news/Technology/South-Korea-enforces-new-law-to-curb-cyber-bullying/2007/06/28/1182624070701. html [Zugriff am 05.11.2007].

Theunert, H. (1999): Medienkompetenz: Eine pädagogische und alterspezifische zu fassende Handlungsdimension. In: Schell, F., Stolzenburg, E. & ders. (Hrsg.): Medienkompetenz: Grundlagen und pädagogisches Handeln (= Reihe Medienpädagogik, Bd. 11). München. S. 50-59.

Thiedecke, U. (2004): Wir Kosmopoliten: Einführung in eine Soziologie des Cyberspace. In: ders. (Hrsg.): Soziologie des Cyberspace. Medien, Strukturen und Semantiken. Wiesbaden. S. 15-47.

Treumann, K. P., Meister, D. M., Sander, U., Hagedorn, J. & Kämmerer, M. (2007): Medienhandeln Jugendlicher. Mediennutzung und Medienkompetenz. Bielefelder Medienkompetenzmodell. Wiesbaden.

Trolley, B. C., Hanel, C. & Shields, L. (2006): Demystifying and Deescalating Cyber Bullying in the Schools: A Resource Guide for Counsellors, Educators and Parents. O.O.

Turkle, S. (1998): Life on the screen. Identity in the Age of the Internet. New York.

Vogt, O. (2006): Angst an Lübecks Schulen: Mobbing mit dem Handy, 05.03.2006. Verfügbar unter: http://www.kn-online.de/artikel/1815838/ Angst_an_L%FCbecks_Schulen:_ Mobbing_mit_dem_Handy.htm?search =Mobbing [Zugriff am 12.01.2008].

Volkmer, T. & Singer, M. C. (2007): Tatort Internet. Das Handbuch gegen Rufschädigung, Beleidigung und Betrug im Internet. München.

Volpert, W. (1985). Zauberlehrlinge. Die gefährliche Liebe zum Computer. Weinheim, Basel.

Walther, J. B. (1995): Relational aspects of computer-mediated communication: Experimental observations over time. In: Organizational Science 6(2). S. 186-203.

Weber, M. (2002): Wirtschaft und Gesellschaft. Grundriss der verstehenden Soziologie. Besorgt von Johannes Winckelmann (zuerst 1921). 5., rev. Auflage, Tübingen.

Webster, Chris (2008): What is cyberbullying? Verfügbar unter: http://cyberbullying.info/whatis/whatis.php [Zugriff am 15.01.2008].

Weisband, S. & Kiesler, S. (1996): Self Disclosure on Computer Forms: Meta-Analysis and Implications. Verfügbar unter: http://sigchi.org/chi96/ proceedings/papers/Weisband/sw_txt.htm [Zugriff am 14.12.2007].

Weiß, R. & Groebel, J. (2002): Privatheit im öffentlichen Raum. Medienhandeln zwischen Individualisierung und Entgrenzung (= Schriftenreihe Medienforschung der Landestanstalt für Rundfunk Nordrhein-Westfalen, Bd. 43). Opladen.

Willard, N. E. (2007): Cyberbullying and Cyberthreats. Responding to the Challenge of Online Social Aggression, Threats, and Distress. Champaign.

Williams, K. R. & Guerra, N. G. (2007): Prevelance and Predictors of Internet Bullying. In: Journal of Adolescent Health 41. S. 14-21.

Winterhoff-Spurk, P. & Vitouch, P. (1989): Mediale Individualkommunikation. In: Groebel, J. & Winterhoff-Spurk, P. (Hrsg.): Empirische Medienpsychologie. München. S. 247-257.

Witzel, A. (1982): Verfahren der qualitativen Sozialforschung. Überblick und Alternativen. Frankfurt am Main.

Wöbken-Ekert, G. (1998): „Vor der Pause habe ich richtig Angst". Gewalt und Mobbing unter Jugendlichen. Was man dagegen tun kann. Frankfurt am Main.

Wolak, J., Mitchell, K. J. & Finkelhor, D. (2007): Does Online Harassment Constitute Bullying? An Exploration of Online Harassement by Known Peers and Online-Only Contacts. In: Journal of Adolescent Health 41. S. 51-58.

Wrangel, C. v. (2007): Der Pädagoge als Freiwild. Schüler haben ein neues Mittel, ihre Lehrer zu mobben: Sie verspotten sie per Video-Clip im Netz. In: Frankfurter Allgemeine Sonntagzeitung, 17.06.2007. S. 18.

Ybarra, M. L. (2004): Linkages between Depressive Symptomatology and Internet Harassment. In: CyberPsychology & Behavior 7(2). S. 247-257.

Ybarra, M. L. & Mitchell, K. J. (2004): Youth engaging in online harassment: associations with caregiver–child relationships, Internet use, and personal characteristics. In: Journal of Adolescence 27. S. 319-336.

Ybarra, M. L., Mitchell, K. J., Wolak, J. & Finkelhor, D. (2006): Examining characteristics and associated distress related to Internet harassment: Findings from the second youth internet safety survey. In: Pediatrics 118. S. 1169-1177.

Ybarra, M. L., Diener-West, M. & Leaf, P. J. (2007a): Examining the Overlap in Internet Harassment and Scholl Bullying: Implications for School Intervention. In: Journal of Adolescent Health 41. S. 42-50.

Ybarra, M. L., Mitchell, K. J., Finkelhor, D. & Wolak, J. (2007b): Internet Prevention Messages. In: Archives of Pediatrics & Adolescent Medicine 161. S. 138-145.

Youtube (2007): Re: Angie ist kein Tokio Hotel Fan mehr by www.MyTrash.TV. Verfügbar unter: http://youtube.com/watch?v=ykAohkjX-rg&feature=related [Zugriff am 03.12.2007]

9. Anhang

A. Leitfaden für die Experteninterviews

THEMA	BE-SPRO-CHEN	BEMER-KUNGEN
Beispiele/Definition von Cyber-Mobbing		
Vergleich mit traditionellem Mobbing		
- Veränderungen gegenüber direktem Mobbing? - Merkmale/Charakteristika von Cyber-Mobbing		
Ursachen für Entwicklung		
- Gesellschaftliche/ internetspezifische/ sonstige		
Aktuelle Ausmaße		
- Einschätzung aktuelle Situation in Deutschland		
Auswirkungen auf Opfer		
- Auf Lehrer und Jugendliche (Psychische/gesundheitliche Folgen) - Aufmerksamkeit/Wahrnehmung/ Emotionen/mentale Kontrolle		
Täter: Medienkompetenz		
- Intention - Beschreibung des Verhaltens - Konsequenzen ihres Handelns - Soziale Handlungskompetenz		
Prävention		
- Handlungsbedarf		
Zukunft		
- Einschätzung		

B. Fragebogen für die angloamerikanischen Experten

Definition of Cyber-Bullying:

"Cyber-Bullying involves the use of information and communication technologies such as e-mail, cell phone and paper text message, instant messaging (IM), defamatory personal Web sites, and defamatory online personal polling websites, to support deliberate, repeated, and hostile behavior by an individual or group, that is intended to harm others." (Belsey 2007)

1. Would you like to add anything to the definition above?

2. In your view what are the main differences between cyber-bullying and traditional bullying?

3. The new digital technologies not only have positive consequences for us, e.g. an easy way to communicate but also negative consequences i.e. cyber-bullying. What are the reasons for this behavior in your point of view? Why do students have the needs to cyberbully others?

4. In which way do the internet and its possibilities support this behavior?

5. How would you assess the consequences of Cyber-Bullying on the victims?

6. As the issue is quite new in Germany, solutions are not yet in place on how to challenge the problem. What do you think are the most important things to consider in schools e.g. if a student cyber-bullied another student?

7. What would your advice be to prevent this problem? What are your experiences in the prevention area? How can students be taught to be more media literate, to act more sensitively on the internet?

8. Comments:

C. Leitfaden für die Opfer-Interviews

Bereiche / Kommunikative Phasen	Emotionen	Kognitionen	Wahrnehmung	Mentale Kontrolle (Verhalten)
Präkommunikativ				
Kommunikativ				
Postkommunikativ				

Internet Research

Rezeption als Interaktion

Wahrnehmung und Nutzung multimodaler Darstellungsformen im Online-Journalismus
Von Dr. Peter Schumacher
2009, Band 36, 300 S., brosch., 29,– €, ISBN 978-3-8329-4536-7

Kompetenzentwicklung im Internet

Fallstudie über eine Community of Practice
Von Dr. Anja Johanning
2009, Band 35, 289 S., brosch., 29,– €, ISBN 978-3-8329-4503-9

Politische Sphären von Migranten im Internet

Neue Chancen im „Long Tail" der Politik
Von Dr. Kathrin Kissau und Dr. Uwe Hunger
2009, Band 34, 165 S., brosch., 22,– €, ISBN 978-3-8329-4359-2

Im Online-Journalismus werden Text, Foto, Grafik, Video und Audio zu neuen Darstellungsformen wie etwa Audio-Slideshows oder interaktiven Infografiken verbunden. In einer qualitativen Rezeptionsstudie untersucht der Autor, wie Nutzer mit diesen komplexen multimodalen Präsentationsformen umgehen.

„Online-Communities of Practice" unterstützen ihre Mitglieder in der Bewältigung ihres Arbeitsalltags, indem sie einen sozialen Raum für die Auseinandersetzung mit im Arbeitsprozess auftretenden Unsicherheiten, Problem- und Fragestellungen oder Ereignissen bieten. Kurzum, sie stellen informelle Lernforen dar.

Wodurch zeichnen sich politische Internetangebote aus, die von Migranten genutzt werden, und welches politische Engagement kann im Internet beobachtet werden? Um diese Fragen zu beantworten werden die drei politischen Sphären postsowjetischer, türkischer und kurdischer Migranten in Deutschland analysiert und verglichen.

Bitte bestellen Sie im Buchhandel oder versandkostenfrei unter ▶ www.nomos-shop.de